O Emocional Inteligente

Como usar a razão para equilibrar a emoção

Vera Martins

O Emocional Inteligente

Como usar a razão para equilibrar a emoção

ALTA BOOKS
EDITORA
Rio de Janeiro, 2015

O Emocional Inteligente — Como usar a razão para equilibrar a emoção

ISBN: 978-85-7608-936-0

Impresso no Brasil — Edição revisada conforme Acordo Ortográfico da Língua Portuguesa de 2009.

Produção Editorial
Editora Alta Books

Gerência Editorial
Anderson Vieira

Produtor Editorial
Thiê Alves

Supervisão Editorial (Controle de Qualidade)
Sergio de Souza

Design Editorial
Aurélio Corrêa

Gerência de Captação e Contratação de Obras
J. A. Rugeri
Marco Pace
autoria@altabooks.com.br

Vendas Atacado e Varejo
Daniele Fonseca
Viviane Paiva
comercial@altabooks.com.br

Ouvidoria
ouvidoria@altabooks.com.br

Equipe Editorial
Carolina Giannini
Claudia Braga
Christian Danniel
Jessica Carvalho
Juliana de Oliveira
Renan Castro
Silas Amaro

Revisão Gramatical
Gloria Melgarejo

Diagramação e Layout
Lucia Quaresma

Capa
André Marothy (concepção)
Aurélio Corrêa (capista)

Erratas e arquivos de apoio: No site da editora relatamos, com a devida correção, qualquer erro encontrado em nossos livros, bem como disponibilizamos arquivos de apoio se aplicáveis à obra em questão.

Acesse o site www.altabooks.com.br e procure pelo título do livro desejado para ter acesso às erratas, aos arquivos de apoio e/ou a outros conteúdos aplicáveis à obra.

Suporte Técnico: A obra é comercializada na forma em que está, sem direito a suporte técnico ou orientação pessoal/exclusiva ao leitor.

Dados Internacionais de Catalogação na Publicação (CIP)

H687m Martins, Vera.
O emocional inteligente : como usar a razão para equilibrar a emoção / Vera Martins. – Rio de Janeiro, RJ : Alta Books, 2015.
224 p. : il. ; 24 cm.

Inclui bibliografia e índice.
ISBN 978-85-7608-936-0

1. Inteligência emocional. 2. Emoções. 3. Cérebro. 4. Resiliência. I. Título.

CDU 159.95
CDD 152.4

Índice para catálogo sistemático:
1. Inteligência emocional 159.95

(Bibliotecária responsável: Sabrina Leal Araujo – CRB 10/1507)

ALTA BOOKS
E D I T O R A

Rua Viúva Cláudio, 291 — Bairro Industrial do Jacaré
CEP: 20970-031 — Rio de Janeiro
Tels.: 21 3278-8069/8419
www.altabooks.com.br — e-mail: altabooks@altabooks.com.br
www.facebook.com/altabooks — www.instagram.com/altabooks

SUMÁRIO

AGRADECIMENTOS

À minha família, que pacientemente abdicou da minha presença nas muitas horas dedicadas a escrever esta obra; mesmo assim, meu marido, meus filhos e minhas noras sempre me estimularam a dar o melhor de mim.

À minha amiga Melânia Costa, jornalista e coach, e a minha querida coachee, a arquiteta Simone Sayuri, que gentilmente disponibilizaram seu precioso tempo para ler linhas e linhas desta obra e, com seu carinho e competência peculiar, ajudaram com sugestões a tornar realidade este projeto.

À Dra. Carla Tieppo, que contribuiu com sua vasta experiência como neurocientista, garantindo a precisão do conteúdo desta obra, baseado na neurociência.

Ao meu amigo chileno Esteban Marco Rojas, coach e especialista em Biologia do Conhecer, que cedeu a foto de um quadro pintado por ele, retratando a resiliência de sua própria vida, e que ilustra o tema no Capítulo 9.

Aos meus queridos clientes de várias empresas, verdadeiros parceiros que sempre me incentivaram a escrever este livro e muito contribuíram com suas experiências.

Aos meus maravilhosos alunos, sou grata por tudo que aprendi com eles, aprendizado retratado nesta obra.

Um agradecimento especial aos meus amigos e editores Marco Pace e Jose Antonio Rugeri, além da equipe da Alta Books, que manifestaram por mim especial carinho e acreditaram em meu trabalho.

E a todos os meus amigos que estão comigo na caminhada da vida, sabendo o quanto influenciam meus pensamentos.

Obrigada a todos que, ao usarem os conhecimentos adquiridos neste livro, certamente tornarão melhor o mundo dos humanos, os nossos relacionamentos.

PREFÁCIO

Neste livro, Vera Martins conta uma história de emoções e depois aponta os aprendizados que ela nos oferece. Este método é semelhante ao utilizado pelos mestres do zen budismo, conhecido como *Koan*. Para ilustrar, reproduzo a seguir uma história, aparentemente sem lógica, mas capaz de despertar a verdadeira mente de quem se esforça para isso.

Certa vez, um mestre morava em um pequeno casebre em uma colina, onde avistava o mar, o porto e a pequena vila de pescadores. Era admirado por todos por sua conduta ética e o domínio de suas emoções por meio da prática da meditação. Jamais alguém vira o monge ofender alguém — tampouco a si próprio —, ou lamentar a vida frugal que levava. Vivia de uma pequena horta que plantava e um ou outro peixe que lhe era ofertado em suas andanças pela vila. Ele tinha amplo controle de sua mente e sabia que o ódio, o desejo e a ignorância eram os três venenos que precisavam ser controlados. Seu controle em lidar com situações adversas era admirado por todos, até o dia que uma pequena multidão da vila se concentrou na porta de seu casebre. O chefe do lugarejo começou um discurso hostil assim que o velho mestre apareceu, e acusou-o de ter se relacionado com uma jovem e de ser o pai do bebê que trazia no colo. Enchendo os pulmões, o político gritou que ele teria de cuidar da criança, uma vez que a mãe o acusava de paternidade. O monge olhou para todos e disse: "Ah é...". A multidão se dispersou e o bebê ficou em sua porta.

O mestre não recebia mais peixes. Comia o que sua horta produzia. Conseguiu uma cabra para dar leite à criança, e levou a vida normalmente. Ele educava o bebê como se fosse seu filho, mesmo impedido de andar pela vila, uma vez que alegavam que poderia seduzir alguma outra aldeã. Alguns meses depois, novamente, a multidão se aglomerou na porta do casebre do monge. O chefe político pedia em altos brados perdão a ele. A mulher, que o apontara como pai, mentira e o verdadeiro pai queria se casar com ela e ter o menino de volta. Por isso, o chefe da vila pedia que o monge devolvesse a criança. Ele respondeu: “Ah é...”.

O menino se foi com os pais e a multidão dispersou. O velho mestre continuou vivendo como sempre, sem ódio, sem pessimismo, sem ira e se deliciando com a bela paisagem da baía que avistava de seu casebre.

Esta é uma história antiga do Emocional Inteligente, tão antiga e tão atual como o livro da Vera Martins.

Heródoto Barbeiro

Âncora do Jornal da Record News e

editor do Blog do Barbeiro

APRESENTAÇÃO

Vera Martins nos conduz com maestria pelas sutilezas das emoções, demonstrando conceitos e descobertas da neurociência em exemplos práticos do dia a dia. A partir daí, nos convida a um enriquecedor caminho de resgate emocional e mental que nos permite ampliar horizontes e protagonizar nossa própria jornada diária.

Os conceitos e processos propostos são de absoluta necessidade no mundo corporativo, onde tantos líderes tecnicamente capacitados e especializados facilmente transitam no mundo objetivo e cartesiano, mas tropeçam no universo das emoções subjacentes presentes no cotidiano.

Imagine o poder transformador de aliar o conhecimento técnico abundante das empresas ao talento emocional de líderes capazes de despertar o potencial criativo, inovador e analítico de cada profissional e grupos de trabalho.

Organizações bem resolvidas requerem líderes bem resolvidos, que engajam pessoas, entendem motivações e valorizam diferenças, pois trabalham com emoções maduras, criando um sincronismo entre conquistas empresariais e recompensas pessoais.

Então, os caminhos corporativos e motivações individuais se entrelaçam e se reforçam, alcançando um incrível potencial realizador e transformador da realidade.

O livro *O Emocional Inteligente* é uma ferramenta de trabalho fundamental para todos os líderes que buscam criar times de alto desempenho e para empresas que objetivam sua longevidade baseada em vantagens competitivas perenes e sustentáveis, fundamentadas na dinâmica superior das relações humanas.

Adriana Waltrick

Diretora Geral da Pacific Hydro Brasil

Executiva do Mercado de Energia

INTRODUÇÃO

SER BEM RESOLVIDO: UTOPIA OU REALIDADE

A IMPORTÂNCIA DA BOA GESTÃO EMOCIONAL — OTIMISMO E PESSIMISMO

Sabemos que a vida nem sempre é, como se costuma dizer, "um mar de rosas". Às vezes, acontecem eventos que estimulam nossas emoções negativas e tocam profundamente em crenças adormecidas, como por exemplo: *eu não sou querido*, *eu não sou competente* ou *eu sou inadequado*.

Quando essas crenças povoam nossos pensamentos com conteúdos negativos, sentimo-nos vulneráveis, sem boas defesas construídas.

Nessa situação, vêm a dificuldade de foco, uma tristeza profunda, uma sensação de fragilidade e o desânimo toma espaço. É como se um nó nos apertasse a garganta, tornando a respiração mais difícil. Uma angústia brota em nosso peito. O tempo não corre na velocidade que gostaríamos para ficarmos livres desse estado emocional desestimulante. Parece que o mundo vai acabar.

Tentar resolver os conflitos nesse momento, provavelmente não será uma decisão ponderada e madura, e a chance de arrependimento será grande. Ao contrário, este é o momento de ser resiliente, de recuperar-se, de retornar ao estado normal. Ser resiliente é saber lidar com as situações de riscos, não se abater e sentir-se fortalecido e motivado para seguir em frente.

Ser resiliente é dar um tempo para si mesmo, fazer exercícios de respiração de relaxamento, apoiar-se em pessoas confiáveis, ressignificar seus pensamentos negativos, que, gradativamente, vão sendo substituídos por pensamentos mais reais e otimistas. Aí, sim, você se sentirá mais fortalecido e preparado para encarar a vida de frente.

A prioridade é distrair seu pensamento negativo para que ele não se transforme em realidade e o leve ao desequilíbrio emocional.

Aprendi muito com um autor admirável, que criou uma teoria sobre otimismo e pessimismo, chamado Martin Seligman, o pai da Psicologia Positiva.

Ele afirma que "O pessimista acredita que os seus problemas vão durar para sempre, vão afetar tudo o que faz e que são incontroláveis."

Quando se permite que um pensamento negativo assuma o comando, muitos outros se encadearão, provocando um estresse excessivo. Esse estado, na maioria das vezes, leva uma pessoa a se defender e incorporar um comportamento agressivo e intolerante ou passivo: agressividade, baseada em um estado emocional raivoso, enquanto que a passividade se baseia num estado de tristeza. A partir daí, a pessoa passa a adotar um comportamento dominado pelas emoções, ficando à mercê delas. Suas decisões são totalmente contaminadas por elas e sua estabilidade emocional fica comprometida.

> *"O otimista é um tolo. O pessimista, um chato. Bom mesmo é ser um realista esperançoso."*
>
> ***— Ariano Suassuna, poeta e escritor brasileiro.***

Dr. Martin Seligman afirma, por outro lado, que "o otimista tende a considerar seus problemas passageiros, controláveis e específicos de uma situação."

O que quero dizer é que, ao distrair seu pensamento negativo, você dá a si a chance de ver a vida por um olhar mais generoso e assumir para si uma crença otimista: considerar seus problemas passageiros, controláveis e específicos de uma situação.

Gerir emoções exige autoconsciência e coragem para tomá-las do seu emocional, carregá-las até o consciente e, usando seu pensamento devagar e reflexivo, transformá-las em ações generosas consigo mesmo. É uma conversa decisiva, que se dá internamente, de você para você.

É exatamente essa atitude corajosa que o tornará uma pessoa bem resolvida, uma pessoa com atitude!

Uma pessoa bem resolvida tem atitude!

Duas expressões me soam como importantes para uma tomada de decisão na gestão de suas emoções: "ter atitude" e "ser bem resolvido".

O que é ter atitude

É um jeito decidido e positivo de ser. Podemos descrever claramente uma pessoa com atitude, pois ela se distingue por atributos como: autonomia, pensamento crítico e coragem para agir com determinação.

AUTONOMIA — Uma pessoa com atitude demonstra autonomia em suas decisões, ou seja, decide baseada em seus próprios pensamentos, em suas próprias ponderações. Autonomia é determinante para uma pessoa sentir-se livre para gerir a própria vida e livre para fazer suas próprias escolhas. Ao contrário, uma pessoa heterônoma é aquela que se sujeita à vontade de terceiros. O que impede uma pessoa de ser autônoma? O maior impeditivo é seu próprio pensamento advindo de crenças sabotadoras da postura de atitude.

PENSAMENTO CRÍTICO — Uma pessoa com atitude e autônoma possui um pensamento crítico, pois sabe fazer um questionamento saudável de situações, levando as pessoas a uma reflexão das diversas verdades. Combate a inflexibilidade e rigidez mental, além de contribuir para decisões maduras e baseadas na realidade.

CORAGEM PARA AGIR COM DETERMINAÇÃO — Uma pessoa tem atitude, quando possui aquela força interna positiva que lhe dá energia e desejo de ver acontecer uma solução. Exige correr riscos, vencer suas próprias barreiras e as dos outros, além de colocar em xeque suas próprias crenças e verdades em prol do atendimento do objetivo.

Quais são os benefícios de ter atitude?

Ganhamos saúde emocional, colocamos o nosso mundo em movimento, realizamos melhor nossos objetivos e somos mais agradáveis e úteis para os que nos rodeiam.

Vamos entender melhor:

1º BENEFÍCIO — Adquirimos um maior autoconhecimento e, por isso, nos sentimos donos de nossas vidas.

2º BENEFÍCIO — Sentimo-nos livres emocionalmente para tomarmos decisões por escolha própria, sem a preocupação maior de agradar a opinião alheia. Essa liberdade propicia uma sensação de competência e força interior.

3º BENEFÍCIO — Respeitamos mais o outro, porque adquirimos o poder do autorrespeito. Essa habilidade nos dá maior condição de lidar com as diferenças individuais e respeitar o jeito de ser das outras pessoas.

Você é bem resolvido?

Ser bem resolvido é se sentir sem amarras emocionais, é perceber-se livre para pensar, sentir e agir, com vontade de acertar para si e para o outro. Ser bem resolvido se inicia com a autoaceitação e progride com o autoconhecimento.

Isso, porém, não basta! Ser bem resolvido depende do autodesenvolvimento nas habilidades do entendimento de si mesmo, da leitura correta e objetiva dos próprios pensamentos, da compreensão generosa dos próprios sentimentos e emoções, sejam positivos ou negativos, e se concretiza com uma atitude consciente, firme e positiva para enfrentar o cotidiano, com comportamentos maduros e positivos para se relacionar com as pessoas.

Ser bem resolvido não é sinônimo de viver sem problemas, mas sim saber lidar com as adversidades da vida com equilíbrio; ser resiliente.

Ser bem resolvido não é resolver tudo sozinho. Ao contrário, ao perceber que não possui todas as habilidades ou força interna necessárias, o bem resolvido não hesita em procurar pessoas que o complementem.

Ser bem resolvido não é ser impetuoso e querer resolver tudo muito rápido sem refletir sobre as consequências. Muitas vezes, confundimos pessoas impulsivas com pessoas bem resolvidas, quando, na verdade, são pessoas que não sabem equilibrar razão e emoção.

Ser bem resolvido é ter consciência de si, de sua dinâmica interna, de tal forma que tenha um canal aberto para conversar livremente com seus pensamentos e emoções, analisando-os à luz da realidade objetiva e, se preciso for, confrontando-os com as evidências, fatos e dados. É dar o tempo necessário ao pensamento analítico para avaliar a situação e os prós e contras de cada alternativa de solução, sem deixar de lado, é claro, a voz do coração.

Ser bem resolvido é ter sensibilidade e afetividade, pois é essa voz que ecoa quando é preciso perdoar a si e ao outro.

Ser bem resolvido é avaliar a importância do evento e, se for o caso, deixar para lá e partir para outra.

Ser bem resolvido é fazer escolhas conscientes.

Positividade, otimismo com realidade e energia para a ação responsável são ingredientes básicos para você ser bem resolvido e, certamente, com atitude, pois seu modelo mental se fortalece com crenças otimistas e reais, impulsionando-o a buscar aquela visão de futuro que lhe trará realização e bem-estar.

Por que escrevo este livro? Porque gosto de compartilhar tudo que aprendo com minhas pesquisas e apreendo das experiências vividas nos meus diversos relacionamentos, pessoais e profissionais. Fiquei motivada a escrever este livro, depois de muito ouvir pessoas e profissionais queixarem-se do desconforto de serem dominados pelo emocional, sem saber a atitude correta para lidar com essas emoções negativas que assumem o controle da situação.

Fui buscar respostas na área da Psicobiologia, nos cursos que fiz em Terapia Cognitiva Comportamental, nos estudos profundos nas duas formações de coaching que fiz, baseadas na Neurociência e em Resiliência. Também encontrei muitas respostas na leitura de revistas e livros especializados. Nos últimos anos, debrucei-me sobre as pesquisas realizadas e os modelos teóricos dos autores mais renomados no tema, para entender como as emoções positivas e negativas poderiam ser encaradas de forma equilibrada, madura e produtiva no ambiente de trabalho e nas relações pessoais.

Bebi direto de fontes incríveis, que influenciaram a abordagem desta obra. Destaco as principais: Richard Davidson, Daniel Goleman, Martin Seligman, David Viscott, Will Schutz, Aaron Beck, Albert Ellis e Albert Bandura, não podendo esquecer do que aprendi nas experiências vividas nas muitas interações que provei com meus alunos, coachees e todos os meus relacionamentos pessoais. Aprendi muito na convivência com as pessoas e comigo mesmo, com o ser vivo que sou.

Assim, percebi que, por meio de estratégias cognitivas comportamentais e da comunicação, é possível a transformação das emoções raiva, medo, tristeza em resultados positivos. Percebi também que, entendendo o funcionamento do seu cérebro, seus sistemas e hormônios envolvidos no ciclo das emoções, você adquire ferramentas eficazes para gerenciar seu emocional e se sentir bem resolvido.

A missão desta obra, em primeiro lugar, é refletir sobre emoções que acometem os seres humanos e formas de administrá-las. Além disso, este livro procura entender o processo, os "gatilhos" e os impactos das emoções na saúde mental, emocional, física e comportamental das pessoas.

Estou feliz por compartilhar essas ideias iniciais com você e quero dizer que a intenção não é sugerir a antiga técnica de "reprimir e controlar as emoções", pois isso se assemelha a uma "panela de pressão" a explodir a qualquer momento. Queremos, sim, ajudar o leitor a se tornar mais sensível e apto para fazer boas leituras do contexto, dos sinais do seu corpo e, fortalecido com esse maior repertório, poder intervir satisfatoriamente no seu estilo emocional, propondo a si mesmo estratégias de intervenção nas diversas fases do ciclo das emoções que vamos conhecer nesta leitura. Com tudo isso no controle, esteja certo que o resultado será um comportamento admirável e de alto impacto.

Assim, a proposta é oferecer ferramentas para o aprimoramento do seu estilo emocional com a reconstrução de um modelo mental fortalecido o suficiente para a aquisição de uma postura matura e uma vida mais bem resolvida.

O CAPÍTULO 1 inicia-se com uma reflexão sobre o que é viver e sobreviver. Em seguida, por meio de uma história, mostra também que "expectativas e reciprocidade" têm relação direta com a gestão das emoções e mais: a falta de autoconhecimento e de autoaceitação estimula o comportamento defensivo e, consequentemente, um mau entendimento de suas próprias emoções.

O CAPÍTULO 2 mostra a importância de se entender o legado emocional que todos nós construímos para melhor administrar nossas emoções, conceitua o que é emoção e seus componentes essenciais e a utilidade das emoções positivas e negativas do passado, do presente e do futuro para a preservação do eu. Além disso, faz uma análise sobre as expectativas emocionais que todo ser humano tem em relação a seu papel na vida pessoal e quais são os ingredientes da bagagem emocional que o ser humano carrega consigo e que, certamente, vão influenciar no jeito de lidar com as emoções na sua vida futura.

No CAPÍTULO 3, são analisados os impactos das emoções no funcionamento do cérebro e em todo o organismo, para sensibilização do leitor quanto aos cuidados que se deve ter para administrá-las corretamente. Assim, veremos os danos que as emoções negativas mal gerenciadas provocam nos sistemas: nervoso, endócrino e imunológico; como essas emoções são processadas nos três planos do cérebro: reptiliano, sistema límbico e córtex cerebral; quais são as substâncias químicas envolvidas com as emoções. Finalizando, o capítulo dá um destaque ao córtex cerebral ao clarificar seu papel fundamental na gestão e modulação das emoções, especialmente o pré-frontal, esquerdo e direito.

O CAPÍTULO 4 mostra como emoções mal administradas percorrem um ciclo de cinco fases, resultando em expressões comportamentais defensivas. Mostra também as estratégias defensivas que o ser humano cria para se esconder e se defender das ameaças reais e imaginárias do cotidiano, quando não existe aceitação e consciência de suas próprias fortalezas e fraquezas, e, afinal, como interferir no ciclo.

O CAPÍTULO 5 mostra como os modelos mentais são criados e sua influência na percepção da realidade. Fornece evidências do quanto os valores e as crenças que apreendemos quando crianças se tornam guias de nossa existência, determinando a qualidade de nosso estado mental, negativo ou positivo. Destaca, ainda, as crenças irracionais, como aquelas que provocam distorções do pensamento e nos dão uma visão míope da realidade, e propõe uma autoanálise sobre a influência das crenças irracionais em seu modelo mental. Mostra que, a partir daí, são criados mecanismos de defesa, cujos efeitos podem ser de autossabotagem. Para completar, é dado destaque à importância da constante revisão de nossas crenças para garantirmos um comportamento produtivo e bem-estar na vida e no trabalho.

O CAPÍTULO 6 apresenta o impacto da emoção mal resolvida nos estilos comportamentais usados para a expressão da raiva, medo, tristeza e outras emoções derivadas. Evidencia que o ser humano, ao ter seus direitos lesados, apresenta comportamento raivoso improdutivo. Ao mesmo tempo, propõe um questionário para que o leitor possa se avaliar, no que toca à maneira como vem encarando seus direitos no cotidiano. Mostra também as emoções interferindo na comunicação e como uma pessoa mal resolvida constrói suas mensagens. Propõe o comportamento assertivo como uma estratégia de solução, tanto para expressão correta do emocional como para gestão do emocional do outro. Ao final, apresenta algumas técnicas assertivas de autoafirmação e dicas de como lidar com situações difíceis e com possibilidades de despertar emoções negativas.

No CAPÍTULO 7, são sugeridas algumas técnicas de intervenção no ciclo da emoção, umas com foco no fortalecimento do organismo e outras que atuam no fortalecimento mental da pessoa.

O CAPÍTULO 8 mostra o conceito da liberdade emocional, condição essencial para a expressão madura das emoções, destacando a autoaceitação e a responsabilidade por escolhas conscientes como questões determinantes para vivenciar a livre expressão de emoções e sentimentos.

O CAPÍTULO 9 apresenta a importância de desenvolver a resiliência para obter o equilíbrio necessário ao lidar com situações de estresse e, assim, manter também o equilíbrio emocional, assim como, sugere a linguagem assertiva como determinante no equilíbrio do comportamento resiliente.

No CAPÍTULO 10, o leitor poderá "juntar tudo" e elaborar um plano de ação para evoluir em seu crescimento e amadurecimento emocional de forma inteligente, ou seja, usando a "cabeça" na condução eficaz das emoções e, principalmente, utilizando os resultados de suas reflexões no decorrer da leitura de cada capítulo. Ao final, suas ações serão efetivas para se tornar bem resolvido e uma pessoa com atitude positiva.

Boa caminhada!

CAPÍTULO 1

O SER HUMANO É UM SER EMOCIONAL

VIVER OU SOBREVIVER

Entender o processo e os impactos das emoções é primordial para sabermos lidar com elas e fazer das nossas vidas uma experiência mais tranquila. A administração das vulnerabilidades e o fortalecimento do nosso eu nos preparam para um viver pleno.

Viver a vida significa ser bem resolvido, solucionando os dilemas e problemas, típicos da existência humana, sozinho ou com o apoio de outros. Significa liberação emocional e mental para um olhar a vida, através de uma lente limpa, clara, real e otimista.

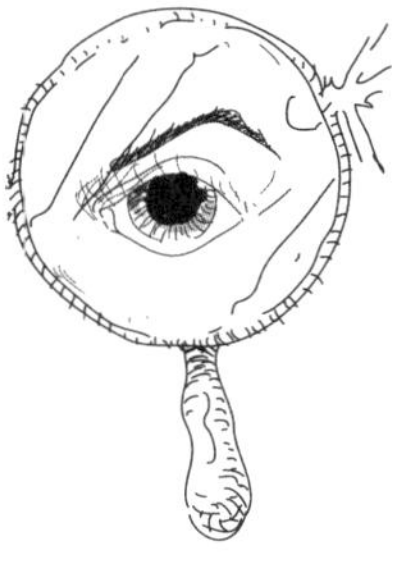

Essa lente exige consciência e coragem para sermos imparciais com os próprios pensamentos, no sentido de entender com clareza nossas escolhas e assumirmos responsabilidade pelas nossas decisões e ações.

Tomada a decisão de adotá-la, certamente essa nova lente vai lhe propiciar benefícios:

- sensação de estar no comando da sua vida
- fazer escolhas mais conscientes e sensatas
- lidar com situações conflitantes de forma equilibrada

- olhar a realidade com otimismo
- sentir a leveza do seu ser
- coragem para agir sobre as emoções negativas
- usar do seu direito de se sentir bem e de ser mais feliz

Sobreviver, por outro lado, significa ser dirigido por pensamentos negativos e, olhando ao redor, sentir-se "sem saída", impotente. Você conclui que a vida é assim mesmo e isso passa a ser sua referência para guiar sua caminhada pela vida.

Ficar sem saída nos dá a nítida sensação de impotência, o que funciona como um bloqueador na busca de soluções para as intempéries do dia a dia. Assim, a confirmação da sua impotência para viver torna-se uma verdade para você e essa verdade passa a ser a lente através da qual você vai perceber a vida e definir suas escolhas.

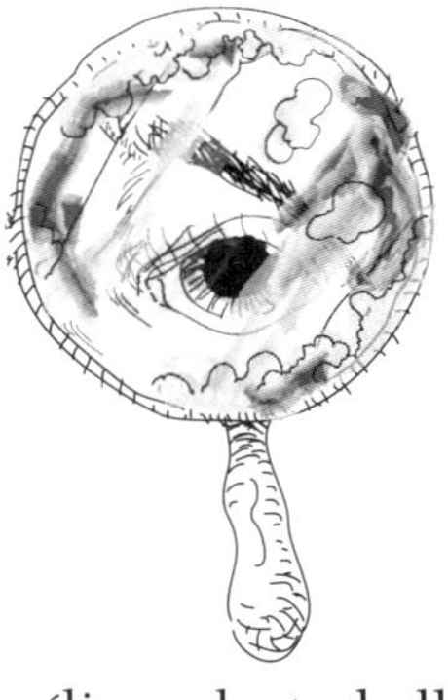

Escolhas feitas pela lente da impotência fazem da existência um fardo e é comum ouvir das pessoas que assim se expressam:

"A vida é uma eterna luta" — "Cada dia é uma batalha a vencer" — "Não é fácil viver nos dias de hoje" — "Não aguento mais a loucura da vida, quero ir embora para longe de tudo e todos" — "Acho que estou incompetente, não dou conta das cobranças da família e do trabalho, eu sou um só!" "Eu me sinto impotente para resolver minha vida".

Tudo é estressante, tudo se torna cinzento!

Esse é o caminho da perda do controle emocional e da liberação da agressividade. É o caminho das relações mal resolvidas e da depressão emocional. Tudo por causa da sensação de impotência na gestão da própria vida.

Existe solução?

O bom nisso tudo é que, se quisermos, podemos virar o jogo e promover uma comunicação interna entre razão e emoção, entre consciente e inconsciente; ou seja, entre o córtex pré-frontal (razão) e o sistema límbico (emocional), fazendo com que os sistemas nervosos simpático e parassimpático estejam em perfeita harmonia. Assim, encontraremos o tão querido, desejado e popularmente conhecido "equilíbrio emocional".

Sim! É o momento de revisitar seus pensamentos, suas emoções e seu modo de ser e de agir.

UMA HISTÓRIA DE EMOÇÕES

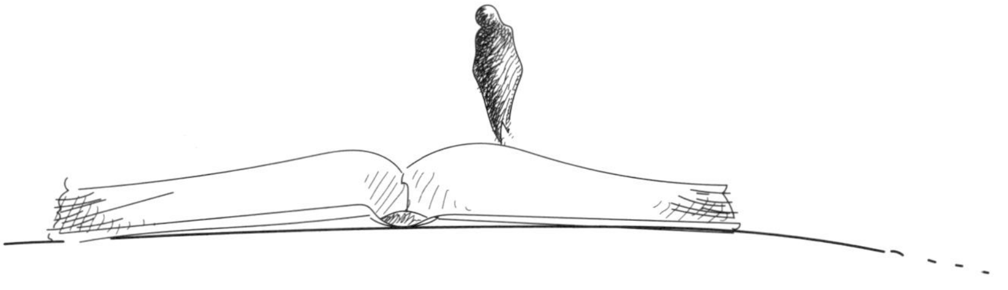

Leia a história que se segue e confira o que lhe é familiar.

Acordei e constatei: hoje é meu aniversário. Logo cedo, já me emocionei, afinal era meu dia. Era uma mistura de alegria, expectativa e ansiedade. Fomos almoçar fora para comemorar.

As pessoas desculparam-se pela falta de dinheiro, que impossibilitava a surpresa de um presente, ao que respondi: "Não tem problema, o mais importante é a presença." Depois de duas horas comendo, percebi que minhas pessoas queridas tinham pressa em função de seus compromissos. Senti-me um tanto decepcionado, pois gostaria de usufruir mais aquele momento, mas eles já tinham suas mentes em outros lugares, restando apressar-me para não mais tomar-lhes o tempo; mas, pensei, já foi o suficiente!

À noite, fui comemorar também o aniversário de um amigo: foi bom, conversamos e nos divertimos. Meu aniversário já estava bem distante e algo estava invadindo meu pensamento e eu não entendia o que era; sentia agora certa melancolia.

Fui dormir e, no dia seguinte, ao acordar, percebi que me preocupava com todos. A melancolia aumentou e um pensamento saltou do inconsciente para o consciente: "meu dia passou e sequer ganhei um botão de rosa, principalmente a vermelha, de que gosto tanto. Talvez ninguém saiba." Senti-me triste.

Passei a ser vítima: "Que coisa! Nos aniversários das pessoas queridas, preocupo-me em agradá-las e em presenteá-las, e ninguém pensou em me dar um botão de rosa vermelha!"

Essa constatação gerou em mim várias emoções negativas: medo de não ser amada, tristeza por não ter retribuição, frustração e decepção e mais uma emoção que bateu forte no meu peito: RAIVA!

Gritei e tornei-me agressivo para mostrar a minha indignação. Depois, refugiei-me na minha tristeza e saí para caminhar, ouvir música bem dentro do ouvido, dizendo para mim mesmo e tentando me convencer: "não preciso de ninguém para ser feliz e me sentir bem."

A raiva, porém, continuava e uma palavra fundamental veio à minha mente: RECIPROCIDADE. O que eu fazia para que as pessoas próximas não percebessem minhas necessidades, de modo que eu me sentisse importante e querido?

Pensei e concluí:

"As expectativas que tenho com relação às pessoas queridas são maiores do que me permito perceber e, pior, elas não são expressas. Com isso, essas pessoas acomodam-se e não se dão conta da importância de retribuir."

Pensei nas várias situações do cotidiano e percebi que havia um desequilíbrio na relação de troca entre mim e minhas pessoas queridas. À medida que as situações "pipocavam" em minha mente, mais a raiva aumentava e novamente chorei, chorei de frustração.

O primeiro ímpeto foi tornar-me egoísta e o pensamento irracional voltou a ecoar em minha mente: "Não preciso de ninguém." Percebi, no entanto, que a raiva continuava e o sentimento negativo que me impulsionava a me defender de algo que me incomodava era aquela sensação de menos-valia.

Em seguida, porém, percebi que esse não era um bom caminho. Como posso tirar o melhor proveito da raiva e tornar meus pensamentos mais positivos, minhas emoções mais prazerosas e meus comportamentos mais construtivos para mim e para os outros?

Poupá-los da reciprocidade e desobrigá-los da responsabilidade da troca não era um bom negócio, só alimentava minha decepção e, é claro, o sentimento de culpa por expressar minha frustração de forma grotesca e, algumas vezes, manipuladora.

O QUE APRENDEMOS

Alguns aprendizados podemos retirar dessa minha história.

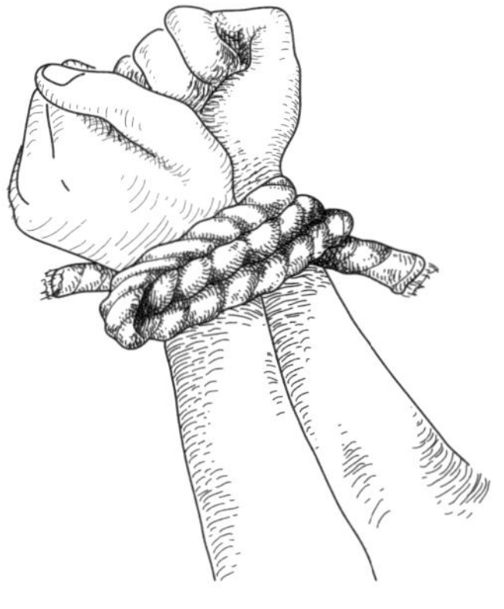

1º APRENDIZADO — **Eu preciso ser independente dos outros e assumir a responsabilidade pelas minhas escolhas.**

Como faço isso? Realmente, para quem não é bem-resolvido, é complicado, pois ser independente dos outros implica autoconfiança e responder por seus atos. Implica não fazer o papel de vítima para ganhar os benefícios da piedade. Implica ter segurança para tomar decisões e acreditar que a escolha foi a melhor alternativa. Implica bancar suas decisões, bem-sucedidas ou malsucedidas, usando o aprendizado como estímulo para recomeçar e fazer melhor ainda daí para frente.

2º APRENDIZADO — Eu preciso alinhar dentro de mim as minhas expectativas: o que quero e o que não quero, o que devo ou não devo esperar das pessoas.

Duas palavras vieram à mente: EXPECTATIVAS E RECIPROCIDADE. Essas duas palavras são chave nesse conto extraído do livro *How to Talk Well* (New York: McGraw-Hill Book Company, Inc., 1994), no qual seu autor, James Bender, relata a história de um fazendeiro premiado pela qualidade de sua lavoura de milho.

> Todo ano seu milho recebia o primeiro prêmio na exposição de seu Estado. Certa vez, um jornalista o entrevistou e soube de algo interessante sobre como ele cultivava o milho. O jornalista descobriu que o fazendeiro fornecia suas sementes para os fazendeiros vizinhos. 'Como você se permite compartilhar sua melhor semente de milho com seus vizinhos, se eles competirão com você todos os anos?', perguntou o jornalista. 'Bem, senhor', respondeu o fazendeiro, 'você não sabe? O vento pega o pólen do milharal e o espalha de lavoura para lavoura. Se meus vizinhos cultivarem milho inferior, a polinização cruzada vai certamente degradar a qualidade de meu milho. Se pretendo cultivar um milho de qualidade, tenho de ajudar meus vizinhos a cultivar um bom milho.'

Esse fazendeiro está muito ciente das conexões da vida. Seu milho não pode melhorar, a menos que o milho de seus vizinhos também melhore. A mesma coisa ocorre em outras situações e dimensões. Aqueles que escolhem viver em paz devem ajudar seus vizinhos a terem paz. Aqueles que querem viver felizes devem ajudar os outros a encontrarem a felicidade, pois o bem-estar de cada um está firmemente ligado ao bem-estar de todos.

Seja profissional ou pessoalmente, as pessoas avaliam a qualidade de seus relacionamentos comparando o que elas dão com o que recebem. É como se tivéssemos dentro da mente uma conta-corrente de "o que eu dou" e "o que eu recebo". Nossa mente está todo o tempo comparando o resultado das duas colunas.

A troca é inevitável e o segredo está na busca do equilíbrio entre dar *versus* receber. O desequilíbrio na reciprocidade é, muitas vezes, o gatilho do medo, da raiva e também da tristeza porque estimula uma relação desigual, de perdas para o lesado e ganhos para o lesador.

Em reuniões de empresa, é comum perceber o desequilíbrio na reciprocidade. Existem profissionais que ampliam as dificuldades e boicotam a implantação das ideias de colegas que não lhe deram reciprocidade em alguma situação do passado, recente ou não. A raiva guardada, em função de expectativas frustradas, leva as pessoas a apresentarem comportamentos baseados em pensamentos raivosos e sentimentos vingativos e, consequentemente, quem perde é a própria empresa, caso não valorize a gestão das emoções dos colaboradores.

Os profissionais que têm o sentimento "eu dou *mais* do que recebo" simplesmente reduzem sua contribuição e perdem seu comprometimento com o trabalho ou então focam no "eu quero receber *mais* para compensar o que dou". Dessa forma, passam a reclamar e exigir melhorias de salário e promoções, entre outros pontos, e em contrapartida negam dar o melhor de si. É a maneira, até mesmo inconsciente, que o profissional encontra para obter justiça e equilibrar a sensação de ser lesado.

O nível satisfatório da reciprocidade depende, portanto, do equilíbrio das expectativas entre as partes. Quem ama espera ser amado. Quem é amado deve amar. Quem ajuda espera ser ajudado. Quem é ajudado deve ajudar... O afeto espera ser correspondido. Só a reciprocidade supera o egoísmo e a solidão; só ela favorece a atenção para com o outro, a gratidão, o reconhecimento, a generosidade.

A reciprocidade favorece uma relação de confiança e de prazer entre as pessoas.

Relações de troca:

- Todo relacionamento humano baseia-se no conceito de troca. Esse é o ponto fundamental da reciprocidade. "Eu dou algo de que você precisa e, em troca, você me dá algo de que eu preciso."
- Se, porém, eu der ao outro uma moeda de troca errada, moeda que ele não quer e não necessita, a relação pode sofrer abalos e meu interlocutor pode sentir-se "subgratificado".

E a amizade? A amizade é uma relação que se baseia em fundamentos mais nobres. Embora também se baseie na reciprocidade, o retorno pode ser mais longo. Na amizade, a premissa básica da troca é a confiança, ou seja: "Hoje, eu faço algo por você, pois sei que, no dia em que eu precisar, você fará o mesmo por mim."

Em matéria de reciprocidade, fiquemos com a sabedoria de Platão: "Primeiro, descubra as coisas que os outros não gostam e, então, evite fazê-las."

A reciprocidade também é uma verdade na relação do profissional com a empresa. Queremos que nossos direitos sejam respeitados; em contrapartida, estaremos motivados a respeitar os direitos da empresa, entregando o trabalho na qualidade, quantidade e precisão esperadas.

A busca constante do equilíbrio entre os direitos e deveres de ambas as partes possibilita a neutralização de sentimentos negativos e melhor canalização da emoção raiva.

A questão é equacionar seus direitos e as expectativas que você pode ter em suas relações pessoais e profissionais. Se não for bem administrada, a raiva proveniente de expectativas frustradas pode nos acompanhar durante toda a nossa vida, passando de relacionamento para relacionamento, contaminando os papéis que desempenhamos. Assim, ela vai destruindo e impedindo a felicidade no cotidiano pessoal e interferindo negativamente na produtividade profissional.

Quando emoções desagradáveis se perpetuam e não são bem resolvidas, nosso ser vai sendo tomado por emoções e sentimentos negativos, como: frustração, desconfiança, medo, culpa, hostilidade, inveja, mau humor, rejeição, ciúme, impaciência, inadequação, solidão e desapontamento. Isso nos leva às explosões emocionais características da ira e da fúria.

Um estado de espírito recheado por esses sentimentos negativos e um estado mental repleto de pensamentos raivosos são suficientes para desencadear raiva, por menor que possa parecer o motivo.

O que tem a ver o processo mental com o emocional?

Tudo! O que perpetua a emoção é o processo mental de julgamento, tanto de nossos comportamentos quanto dos outros, baseado em valores de certo *versus* errado, por nós internalizados, e em como pensamos que o outro deve ser e agir.

Se esses comportamentos são diferentes de nossos padrões, certamente vamos concluir que estão errados e, portanto, contrariam nossas expectativas, o que é suficiente para nos causar irritação. Quando nosso processo mental se enrijece, nós nos distanciamos da realidade e não mais conseguimos perceber a diversidade das pessoas.

Está aí uma questão comum nos relacionamentos sociais e profissionais: visões diferentes de uma mesma situação podem causar medo e raiva entre duas pessoas. Por essa razão, expectativas não compartilhadas se distorcem, causando conflitos entre as pessoas.

A alta expectativa pode resultar em desapontamento e raiva, tanto em relação a si quanto em relação ao outro. Quando as pessoas não fazem as coisas que esperamos e do modo como esperamos, podemos ficar nervosos e ambas as partes podem ser feridas.

Altas expectativas acerca de nós mesmos podem despertar a raiva, ao não atingirmos os resultados esperados. Perdemos a confiança e a autoestima quando falhamos em atingir/encontrar nossos próprios padrões. As baixas expectativas também podem nos deixar nervosos, porque as chances de não acreditarmos em nós e desistirmos serão maiores.

Devemos, então, avaliar a viabilidade da expectativa. Como? Compartilhando, ou seja, deixando o outro saber o que você espera dele e procurando saber o que ele espera de você. Tendo conhecimento das respectivas expectativas, será possível fazer sua adequação à realidade, realinhando o que se pode esperar um do outro.

Esse exercício de troca e realinhamento de expectativas pode ser feito em todas as áreas de nossas vidas: na família, com amigos, chefes, clientes e colegas de trabalho.

Quando criamos uma expectativa, sentimos energia motivadora para concretizá-la e vontade de corresponder positivamente à situação. Na verdade, a expectativa cria uma visão de futuro positiva, de algo bom que acontecerá se eu der a contrapartida. Aguardar a recompensa de uma expectativa atingida é muito agradável, pois estimula emoções positivas e pensamentos estimulantes. Quando ela é atingida, o circuito da recompensa no cérebro é ativado pela dopamina e pela serotonina, os hormônios da recompensa e do prazer. Quando nossas expectativas não são correspondidas, a ausência do circuito da recompensa estimula negativamente nossa área emocional no cérebro com a maior quantidade de hormônios do estresse no sistema nervoso. É por isso que a sensação de desprazer toma conta do nosso emocional, gerando raiva e depois tristeza por causa da expectativa frustrada.

3º APRENDIZADO — **O alinhamento de expectativas será mais produtivo se houver autoconhecimento e autoaceitação.**

Por quê?

1 - O autoconhecimento limpa as lentes de nossa percepção, dando-nos lucidez para enxergar quem realmente somos, identificando claramente nossas fortalezas e as fragilidades que devemos compreender para planejar uma ação de melhoria. O autoconhecimento promove a abertura para dar e receber *feedback*.

2 - A autoaceitação é a chave da administração dessas emoções desagradáveis, medo, raiva e tristeza. Uma pessoa que se aceita facilmente perdoa e tolera suas fraquezas e, ao se deparar com seus pontos fortes, sente-se orgulhosa de si e motivada para viver intensamente

Quando não há autoaceitação, o comportamento defensivo aparece como forma de esconder as vulnerabilidades e torna difícil acertar a visão de si mesmo, de acordo com o modelo estabelecido como correto. Quando as pessoas nos criticam, nós nos sentimos feridos, nervosos e defensivos, o que nos leva à frustração e até ao isolamento.

Como se vê, o "defensismo" inviabiliza e contamina a troca de expectativas. É também o "defensismo" danoso para construirmos a autoestima. A autoaceitação, então, elimina o "defensismo", amplia a visão nítida de si mesmo e viabiliza as novas alternativas e os novos objetivos de vida.

No processo do autoconhecimento, a pessoa desenvolve uma livre comunicação de si mesma, uma percepção de seus sentimentos e de suas necessidades. É um bom caminho do equilíbrio e gestão emocional.

É possível, então, concluir que:

- Avaliar e alinhar internamente e determinar os limites do que devemos esperar das situações e das pessoas são atitudes/ações que ajudam a equilibrar nossas emoções, evitando frustrações inúteis, inválidas e, portanto, desnecessárias.
- Promover a reciprocidade é uma forma de atentar para as expectativas, minhas e do outro, e assim desenvolver as relações de confiança e justiça, questões essenciais para o "equilíbrio emocional".
- Autoaceitação é fundamental para ter liberdade emocional, ser responsável pelas emoções sentidas e ter acesso às forças e fortalezas internas. Por si só, no entanto, não basta. É preciso entender nosso funcionamento interno para administrar nossos pensamentos, emoções e o modo de agir. Isso é condição essencial para se ter o "equilíbrio emocional".

REFLEXÕES

Reflita sobre você. O quanto você se conhece? O quanto você consegue entender de si mesmo? Quanto você consegue aceitar a si mesmo, o seu jeito de ser, mesmo que outros não o aceitem? Como andam suas expectativas de si mesmo e de outras pessoas?

Afinal, você vive ou sobrevive? O que você sabe sobre você?

Escreva abaixo suas percepções e aprendizados até aqui.

Capítulo 2

O QUE VOCÊ CARREGA EM SUA BAGAGEM EMOCIONAL

A maneira como você vê o mundo e expressa suas emoções reflete como foi sua jornada na vida, desde o nascimento até a fase adulta.

Nessa jornada, você colocou em sua valise bagagens necessárias e desnecessárias que vão influenciá-lo em todas as suas escolhas.

Você é o resultado dessas escolhas!

Saber **o que** você está carregando e **o porquê disso** permitirá que você jogue fora o que não agrega valor à sua vida e use melhor a bagagem que realmente tem valor: aquela que estimula sua autoestima, levando-o, de fato, à consciência de seus sentimentos e ao contato direto com seu EU verdadeiro.

Compreender as origens de seu jeito de agir, o seu legado emocional, é um bom caminho para gerir suas emoções.

Comecemos por elas, então.

O QUE É EMOÇÃO

Emoção provém do latim *emotionem*, que significa movimento, comoção, ato de mover. Uma emoção é o movimento de resposta a um estado de excitação, de prazer ou de desprazer.

O neurocientista português António Damásio faz uma distinção entre emoção e sentimento bem interessante. Ele diz que:

A emoção é um conjunto de todas as respostas motoras que o cérebro faz aparecer no corpo em resposta a algum evento, como por exemplo, a aceleração ou desaceleração do batimento do coração, a tensão ou relaxamento dos músculos e assim por diante. Sentimento é a forma como o cérebro vai interpretar todo esse conjunto de movimentos do corpo. Os sentimentos podem ser revelações do estado da vida dentro do organismo.

Sendo assim, uma pessoa pode ter uma emoção de raiva e sentir um sentimento de mágoa.

Segundo Dalai Lama, na emoção destrutiva sempre haverá uma lacuna entre o que é e o que parece ser. O apego excessivo — desejo que não nos deixa ver o equilíbrio entre agradável e desagradável, entre o construtivo e o destrutivo, e nos faz querer totalmente o objeto de desejo. A aversão, por outro lado, também nos cega em demasia.

Esses estados emocionais obstruem o juízo, a capacidade de fazer uma avaliação correta da natureza das coisas. Essas emoções obscurecem a liberdade, encadeando pensamentos e um modo tal que nos obriga a pensar, falar e agir de maneira preconceituosa.

É algo que impede a mente de comprovar a realidade como ela é.

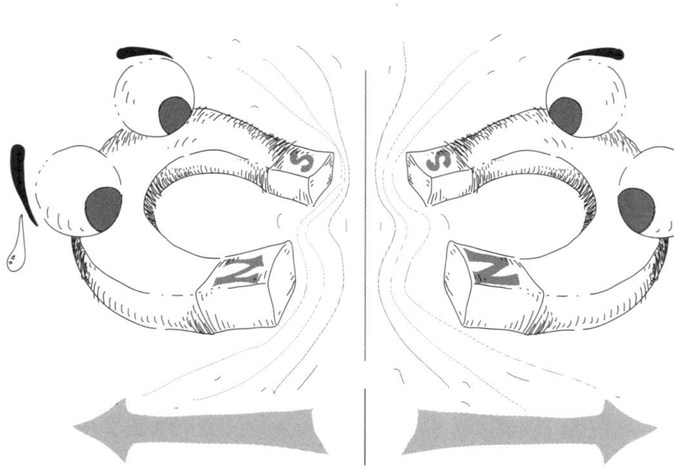

Assim, por acreditarmos que nosso EU seja vulnerável, cremos que ele precisa ser protegido e agradado.

Disso, originam-se as sensações de aversão (desprazer) a tudo que possa ameaçá-lo, bem como atração (prazer) por tudo que agrada e tranquiliza esse EU e o faz sentir-se seguro e feliz.

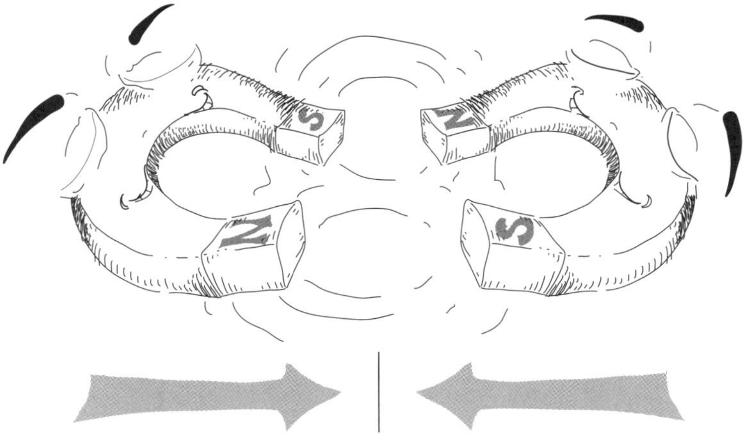

Segundo estudiosos, o ser humano tem seis emoções básicas: alegria, tristeza, medo, surpresa, raiva e nojo. Porém, pesquisas científicas comprovaram que raiva e nojo são muito parecidas em seu primeiro estágio, pois a expressão facial de enrugar o nariz aparece nas duas emoções. Da mesma forma perceberam que erguer as sobrancelhas é uma expressão facial que aparece no medo e na surpresa.

O que os pesquisadores querem dizer é que há uma diferença, por razões sociais, entre medo e surpresa e raiva e nojo, mas, biologicamente, essas quatro emoções são somente duas. Assim, vamos considerar quatro emoções básicas: alegria, tristeza, medo e raiva.

EMOÇÕES BÁSICAS

Emoções básicas	Quando surge
Raiva	Regras internas de proteção do EU são invadidas por mim ou pelo outro
Medo	Percebemos perigo de ameaça à segurança do nosso EU
Tristeza	Sentimos dor emocional ou física ao experimentarmos perdas e decepções
Alegria	Sentimos total conforto, sem dor emocional e física

"A felicidade é salutar para o corpo, mas só a dor robustece o espírito."

Autor: Marcel Proust

COMPONENTES ESSENCIAIS DA EMOÇÃO

Só percebemos qual é a emoção sentida, quando sentimos algumas alterações fisiológicas, como por exemplo:

- RAIVA — percebe-se pela tensão muscular, rosto vermelho, coração acelerado e uma preparação do corpo para a ação.
- MEDO — percebe-se pela respiração difícil, coração acelerado, mãos úmidas, pernas trêmulas, rosto pálido, boca seca, mandíbula dura e a sensação de sentir-se perdido e sem controle.

Essas duas emoções vêm acompanhadas de substâncias químicas que geram estresse e, quando em excesso, causam sudorese, contração dos vasos sanguíneos, taquicardia, aumento na pressão arterial e frequência respiratória.

Comportamentos específicos expressos pela comunicação verbal e não verbal

Por exemplo:

- RAIVA é normalmente expressa por comportamentos agressivos e de retaliação.
- MEDO é normalmente expresso por comportamentos passivos e permissivos.
- TRISTEZA é normalmente expressa pela ausência de comportamentos ativos, perda de energia e busca de isolamento. Choro e insônia são evidências da tristeza.
- ALEGRIA é normalmente expressa por euforia, sorrisos e algumas pessoas podem chorar de alegria.

A vivência subjetiva de um determinado estado emocional

Por exemplo:

- RAIVA: estado emocional de prepotência
- MEDO: estado emocional da impotência
- TRISTEZA: estado emocional letárgico e reflexivo
- ALEGRIA: estado emocional de potência e contentamento

Construção de pensamentos associados a essas experiências

Por exemplo:

- RAIVA: pensamento de ataque com o intuito de vencer o outro
- MEDO: pensamento de fuga para não se expor ao perigo da perda iminente

- TRISTEZA: pensamento reflexivo, de frustração e decepção pela perda
- ALEGRIA: pensamento otimista, que depois da tempestade vem sempre a bonança
- AVALIAÇÃO DO ACONTECIMENTO: positivo ou negativo

Cada emoção tem uma função positiva e vital para nossa convivência em grupo, dando o tom da nossa reação às diversas situações do cotidiano que envolvam perdas, expectativas não atingidas e situações de ameaças verdadeiras.

AS PRINCIPAIS CARACTERÍSTICAS DA EMOÇÃO

- É uma forma de prevenção, correção e defesa da nossa sobrevivência, pois, conforme o seu próprio significado, a emoção é uma energia que nos prepara e nos leva a agir.
- É uma ferramenta importante da comunicação humana, já que nos avisa das intenções do nosso interlocutor por meio da expressão corporal proveniente de sinais fisiológicos próprios da emoção.

  Quando uma pessoa sorri, você entende a situação como positiva, porém, se a pessoa se expressa com tom de voz alta, você entende a situação como negativa.
- A emoção funciona como um controle em nossas relações sociais, porque é por meio dela que avaliamos uma situação e regulamos nosso comportamento. Um exemplo: quando sentimos raiva, precisamos processá-la adequadamente para não causar prejuízos a nós e aos outros. Assim, o que sentimos funciona como um filtro para lidarmos com os estímulos internos e externos.

Ao sermos dominados por essas emoções negativas, percebemos que elas nos causam um desconforto, que interfere diretamente na qualidade dos nossos pensamentos com ingredientes negativos. Juntos, pensamento e emoção negativos acabam afetando nossos comportamentos, nosso jeito de agir e de nos relacionarmos, seja com as pessoas mais queridas e seja com os menos íntimos, em relacionamentos profissionais ou pessoais.

Enquanto a função das emoções negativas é nos avisar de ameaças e riscos de perdas, as positivas têm a função de fortalecer nossas relações sociais, nosso intelecto e nossa saúde física. Quando o estado emocional é positivo, a emoção básica da alegria solidifica-se, desenvolvendo o amor, a amizade e a alegria de viver. Tudo se mostra autêntico e verdadeiro. Assim fortalecidos, temos reservas suficientes para encarar as ameaças e oportunidades que a vida nos apresenta.

Vejamos um exemplo: se me sentir amado, eu me sentirei mais fortalecido e protegido e, ao me deparar com uma rejeição no trabalho, não ficarei destruído e amarrado com a sensação de que sou um "zero à esquerda". Dessa forma, minha raiva causada pela rejeição será menos intensa e mais passageira, transformando-se apenas em uma leve irritação. O sentimento positivo promove um comportamento natural de abertura ao *feedback* e às críticas, ocupando todo o espaço das emoções negativas. Elas serão percebidas como desnecessárias e inúteis.

De acordo com o Dr. Martin Seligman, em sua obra *Felicidade Autêntica*, as emoções positivas e negativas podem estar ligadas ao passado, presente e futuro, influenciando o modo de ver a vida e também escolhas e decisões tomadas.

Veja que as emoções ligadas ao passado podem ser positivas, incluindo satisfação, contentamento, realização, orgulho e serenidade; e podem ser negativas, como amargura irremediável, vergonha ou raiva vingativa.

Já as emoções ligadas ao presente podem ser positivas, incluindo alegria, êxtase, calma, entusiasmo, animação, prazer e a plenitude e a experiência de deixar fluir; e podem ser negativas, como insatisfação, desânimo, revolta e desmotivação para a vida.

Por fim, as emoções ligadas ao futuro podem ser positivas, incluindo otimismo, esperança, fé e confiança; e negativas, como o total pessimismo e negativismo.

REFLEXÕES

1 - PERGUNTE-SE: em relação ao passado, sinto-me envergonhado e culpado ou me sinto satisfeito e orgulhoso de minhas realizações? O que pesa mais e menos, emoções positivas ou emoções negativas?

2 - PERGUNTE-SE: em relação ao presente, sinto-me infeliz, ansioso, desanimado ou me sinto alegre, tranquilo, entusiasmado e com prazer de viver?

3 - PERGUNTE-SE: em relação ao futuro, sinto-me pessimista, desconfiado, com expectativas negativas, incrédulo ou me sinto otimista, cheio de esperança e tenho claros os objetivos que quero alcançar?

AUTORREFLEXÃO

1 - Emoções do passado

Se você se lembrou de algum evento do passado que o deixou triste, envergonhado ou raivoso, sinta compaixão de si e se perdoe, colocando uma pedra em cima, como uma situação resolvida. Se for necessário, procure a pessoa que causou a mágoa e fale sobre seus sentimentos. É uma boa forma de "zerar" a situação e se sentir livre emocionalmente.

Se você se lembrou de algum evento do passado que o deixou orgulhoso de si e feliz, faça um exercício de gratificação, reconhecendo seus méritos e suas fortalezas. Gratifique-se por isso e se lembre dessa sensação de satisfação para se fortalecer nos momentos de fraqueza.

2 - Emoções do presente

Se você se sente bem resolvido e satisfeito com a vida que leva, parabéns, você não sofre de raiva inútil e desnecessária.

Se você, porém, se sente infeliz, desanimado e ansioso com a vida que leva, tenha cuidado, pois esse estado emocional pode levá-lo ao estresse, impedindo-o de atingir seus objetivos e de concluir suas tarefas. Você deve ser fisgado facilmente pela raiva e, por isso, precisa saber que pensamentos passam por sua cabeça e que o levam a se sentir negativo. A solução é avaliar e conhecer bem seus sentimentos e, quem sabe, se for o caso, promover modificações no modo de pensar e de ver a situação.

3 - Emoções do futuro

Com relação ao futuro, se suas emoções do passado e do presente estiverem bem resolvidas, certamente as do futuro serão contaminadas pela positividade e você se sentirá otimista e confiante.

Emoções básicas

Neste livro, vamos focar mais as emoções básicas do ser humano: alegria, medo, raiva, tristeza.

Em nosso cotidiano, essas são as emoções que se manifestam em nossas reações à vida, seja no trabalho ou na vida pessoal, com família e amigos, ou como cidadão em uma sociedade.

Elas aparecem independentemente de uma tomada de consciência. O medo é um ótimo exemplo: surge antes mesmo de termos certeza de que um perigo seja real. Nosso corpo reage ao medo instantaneamente.

Medo

"Phobos" é a palavra grega para "medo"; está na origem de "fobia".

O medo é a reação mais natural para qualquer ameaça. A raiva é a resposta secundária e protetora. Sem a raiva como uma reação protetora, tudo que você tem é o medo diante do perigo.

O medo é uma reação inerente ao ser humano. É a consciência de uma situação ameaçadora, tendo a função principal de proteção diante de um perigo iminente. Cumprida sua função de alerta ao organismo, o temor deve diminuir, caso contrário, se torna inútil e perigoso. O descontrole desse processo aniquila a capacidade de adaptação do organismo e provoca um estado de paralisia geral.

É do medo sem controle e crônico que se originam os transtornos de pânico e outras diversas fobias, acompanhadas do estado emocional de ansiedade. A ansiedade é a antecipação de algo ruim que, na mente do ansioso, certamente vai acontecer.

Raiva

É uma energia que promove o movimento e a expressão de que algo não está bom, levando o ser humano a se sentir inicialmente irritado, contrariado e frustrado. Ela tem a força de transformar e mudar, impulsionando as pessoas a repensarem novas alternativas e agir.

A expressão da raiva não necessariamente machucará o outro; ao contrário, se bem expressa, pode mudar os rumos da situação para um resultado melhor.

É uma emoção que visa a nos proteger contra ameaças e exposições do nosso eu. A raiva aparece quando regras internas, determinadas pelo processo de socialização, são contrariadas. Afinal, somos seres humanos e, como tal, temos necessidades, desejos e ambições, e sentimos raiva quando nossas expectativas não são atendidas.

A raiva é uma reação natural à frustração e a primeira resposta a uma perda caracterizada como algum tipo de dor física ou emocional. É naturalmente inclinada a ser expressa, não sendo um sentimento reflexivo, como a ansiedade, nem uma sensação passiva e voltada para si mesmo, como a mágoa. A raiva é voltada para a ação, seja a retaliação ou a autodefesa. É uma energia que se move dos pés ao topo da cabeça. Enquanto a ansiedade é a antecipação de ser ferido, a raiva é a lembrança de ter sido ferido e experimentado a mágoa.

No cotidiano, a raiva toma muitas formas: ficar aborrecido, irritado, ser crítico, ressentido, indignado, incomodado, exasperado, contrariado e amargurado, até sentir animosidade, inimizade, ira, rancor, ódio, fúria ou vingança.

A raiva e o medo

Quando nos sentimos ameaçados, duas emoções principais podem estar presentes: a **raiva**, que indica invasão; e o **medo**, que indica ameaça. Tanto o medo quanto a raiva mobilizam a musculatura do corpo, preparando a pessoa para a fuga ou o ataque. Se uma pessoa que está com medo ataca, ela vai ficar com raiva e sem medo. Se no ataque a pessoa se retrai, ela vai sentir medo e desistir do ataque.

Tristeza

Tristeza é uma emoção negativa, que tem a função de nos proteger contra os males da perda, desde perda de emprego até perda de entes queridos próximos. Nós sentimos desânimo, ficamos prostrados, sem energia para tomar decisões e agir. Nosso organismo, de certa forma, entra em repouso, pois queremos o isolamento, a quietude. É um tempo importante para boas reflexões. Como a tristeza tem tempo limitado, viver a tristeza ajuda bastante o organismo a se recuperar e a se sentir estimulado por novas emoções positivas.

Alegria

É a única emoção básica positiva. Dela derivam todas as sensações positivas, tais como: amor, contentamento, satisfação, gratidão, compaixão, otimismo e outras. Percebemos que estamos felizes, quando sentimos uma sensação de "sossego emocional". Nesse momento, estamos desarmados de defesas e munidos da liberdade emocional e de forças internas que nos fortalecem para ter a coragem de enfrentamento dos problemas. O cérebro desliga o sistema de alarme, abaixa o nível de estresse e a lente da percepção torna-se límpida para que o consciente possa enxergar a realidade otimista da vida.

Segundo o Dr. Martin Seligman, as pessoas querem mais que apenas corrigir suas fraquezas; querem vidas cheias de significado. A felicidade autêntica é aquela que você conquista pelo exercício das forças e virtudes, pois as pessoas gostam de sentir que têm direito à felicidade conquistada. Seligman diz que, quando acontecem coisas ruins a pessoas felizes, elas conseguem que suas emoções positivas desfaçam suas emoções negativas, mantendo assim por mais tempo o otimismo e a alegria de viver.

A felicidade faz com que pessoas se tornem mais empáticas e altruístas, pois, segundo Seligman, quando estamos felizes, pensamos menos em nós mesmos, gostamos mais dos outros e queremos partilhar o que temos de bom. Quando estamos tristes, ficamos desconfiados, arredios e nos concentramos de forma defensiva em nossas próprias necessidades; ou seja, nós nos tornamos mais egoístas.

Impactos das Emoções Básicas

A partir do surgimento das reações corporais, o **pensamento consciente** passa a ter um papel fundamental. É quando pensamos e adquirimos a consciência e a certeza da situação, porque fizemos uma avaliação cognitiva mais apurada. Assim, enquanto o medo surge porque algo é considerado assustador, a ameaça nos dá a certeza de que a situação é perigosa.

Assim, uma raiva pode ser percebida por uma irritação ou frustração diante de uma situação em que algo não aconteceu como gostaríamos.

O medo pode ser transformado em uma percepção de ameaça ou uma ansiedade perante uma situação vista como arriscada.

A tristeza pode ser percebida por um estado de prostração causado por uma perda concreta.

Finalmente, a alegria é percebida pelo estado de contentamento e satisfação.

Mas, a corrente emocional não para por aí:

Ao nos percebermos contentes e satisfeitos, uma onda de amor e de alegria toma conta do nosso ser inteiro.

Ao nos percebermos ameaçados e nos sentindo ansiosos, sentimentos fortes de insegurança, de vergonha, de ciúme ou de inveja podem assumir o controle da situação.

Ao nos sentirmos irritados ou mesmo extremamente frustrados, ondas de fúria, ódio ou menosprezo podem assumir o comando do nosso cérebro.

Por fim, a tristeza pode ser sentida como um luto.

Vamos falar sobre alguns sentimentos bem comuns no nosso cotidiano pessoal e profissional.

Inveja

Inveja significa "não ver", de acordo com sua origem latina "invidere". Segundo o dicionário *Aurélio*, inveja é o sentimento de desgosto ou pesar pelo bem ou felicidade de outrem. É o desejo violento de possuir o bem alheio. Inveja significa não olhar para dentro de si e, sim, olhar e desejar para si o que o outro conquista e possui por seus méritos.

A raiva aparece porque, geralmente, o invejoso acredita ser muito mais merecedor do objeto de desejo do que aquele que o possui. O olhar invejoso enxerga o outro como alguém que está invadindo seu território e tomando aquilo que considera seu por direito, sendo isso um gatilho para sua raiva.

O profissional invejoso fica com raiva e se torna capaz de boicotar, fazer fofocas e tudo o que puder contribuir para destruir o outro. Torna-se crítico e desqualifica o outro, tentando mostrar para si e para todos que ele é melhor do que o alvo de sua inveja.

Mais uma vez, vamos relembrar que o autoconhecimento ajuda você a entender as razões de sua inveja e identificar suas forças para superá-la.

É bom saber também que pesquisas de estudiosos da neurociência mostram que, ao sentir inveja, as pessoas estimulam a região do córtex dorsal anterior do cérebro, responsável pela dor física. Se a dor indica doença, podemos concluir que a inveja, acompanhada da raiva, faz muito mal à saúde. Podemos concluir também que é um desperdício de tempo e de inteligência, já que o cérebro fica ocupado com pensamentos raivosos e maquiavélicos, tramando estratégias para atrapalhar a vida do colega invejado. Quem perde é o invejoso mal resolvido.

A inveja faz parte do ser humano; então, por que não usá-la a seu favor? Como?

Observe os ingredientes do comportamento do colega bem-sucedido, incorpore-os a seu jeito de ser e você perceberá seu cérebro fazendo conexões neurais sadias e novos aprendizados ampliando sua rede neural com modificações em seu modelo mental.

Ciúme

A origem etimológica da palavra ciúme vem do latim *zelumen* e do grego *zelos*. Por isso, muitas vezes, ele é encarado como uma prova de amor, de cuidado com o outro. Segundo o dicionário *Aurélio*, ciúme quer dizer desejo de posse da pessoa amada, a emulação, competição ou rivalidade. Ciúme é o resultado do "receio de perder alguma coisa". Daí, vem grande parte da controvérsia sobre ser o ciúme algo bom ou ruim, já que, em excesso, ele pode trazer sofrimento tanto para quem o sente quanto para quem é vítima dessa paixão.

O ciúme envolve um sentimento misto de insegurança e medo da perda. Está intimamente relacionado à inveja e à raiva. A diferença é que a inveja é o desejo do objeto de outrem e o ciúme é o sentimento de posse de outrem. Os dois juntos estimulam desconforto e raiva, atormentando a pessoa que cobiça algo que o outro possui.

Ira e ódio

A ira é um conjunto de fortes emoções e uma vontade enorme de agredir, causadas por acúmulo de raiva e conflitos que levam à perda da racionalidade. É a explosão de um sentimento ruim, proveniente de contrariedade e desilusão, um acontecimento inesperado e nocivo, uma inconformidade ou culpa. Essa explosão, quando ocorre, faz a pessoa perder a noção de seus atos, agindo irracionalmente. Movida por um sentimento muito forte, a ira pode se transformar em ódio.

O ódio é uma paixão vingativa que impele a causar ou desejar mal a alguém. Possui ingredientes racionais, pois utiliza a razão para planejar um ato de vingança.

A ira é breve e se apresenta como uma explosão irracional, enquanto o ódio pode acompanhar a vida de uma pessoa.

Essa amplitude de emoções torna claro que, quanto mais tempo tenha passado entre o ferimento e a raiva, maior será a intensidade da expressão da raiva e menos fincada na realidade ela parecerá.

Culpa

A culpa, originada da emoção básica do medo, aparece como resultado da reprovação de um comportamento já acontecido e o conflito interno causa uma sensação de dor e sofrimento que "atinge a alma".

Para muitos, a sensação de culpa aparece com uma simples frase, como: "Não posso ajudá-lo hoje" ou "Não quero sair de casa hoje". Nesse caso, o medo de magoar o outro ou da perda de amor é suficiente para gerar a culpa.

A culpa causa insegurança e desequilibra a autoconfiança, tão necessária no desenvolvimento da carreira profissional.

Vingança

A vingança pode ser resultado de uma raiva mal resolvida e, muitas vezes, vem acompanhada pela busca do prazer da vingança. Esse prazer dá a impressão de problema resolvido, porém, cobra um alto preço na vida da pessoa; ou seja, é um bloqueador do bem-estar e da harmonia interior. A vingança fundamenta-se em um raciocínio míope e contaminado pelos mecanismos de defesa diante da realidade distorcida. Impede, assim, a pessoa de mudar e amadurecer, pois esse prazer momentâneo prorroga o dia do acerto final com o próprio eu.

Segundo Aristóteles, a cólera é o desejo acompanhado de tristeza, de vingança ostensiva contra uma manifestação de **desprezo** não merecido por alguém ou algo dessa pessoa. A vingança dá a sensação de prazer, pois as pessoas passam o tempo "vingando-se" em pensamento e a imagem que surge causa tanto prazer com o desejo realizado quanto os sonhos.

Quero destacar aqui que, a partir do momento que tomamos consciência da emoção sentida, cabe a nós fazermos uma escolha consciente sobre como lidar com ela e não permitir a perda do controle.

OBJETIVOS EMOCIONAIS DO SER HUMANO NA VIDA PESSOAL E PROFISSIONAL

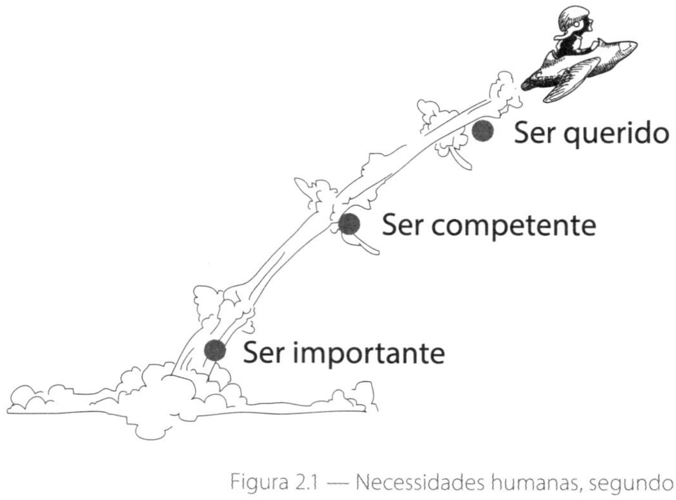

Figura 2.1 — Necessidades humanas, segundo Will Schutz

Segundo Will Schutz em sua obra Profunda Simplicidade — Uma Nova Consciênc*ia do Eu Interior*, ser visto como alguém importante, sentir-se competente e ser reconhecido como tal, ser ouvido e ser levado a sério, ter controle da situação e da própria vida e, certamente, ser aceito e querido pelas pessoas são desejos de toda pessoa, seja no trabalho, seja na família ou na vida social.

Quando isso não ocorre, o ser humano pode se sentir rejeitado, ignorado e humilhado. Esses três sentimentos negativos levam a pessoa a se sentir ressentida com quem lhe causou a raiva e sua mágoa é expressa através dessa forte emoção — raiva.

Enfim, todas essas necessidades do ser humano culminam em um único sentimento: **respeito humano.**

Uma pessoa respeitada tem autorrespeito e sente orgulho de si. Uma pessoa sente-se respeitada, quando percebe seus direitos não invadidos e levados a sério. Nesse estado emocional positivo, alcança mais facilmente a maturidade emocional.

Ao atingir a maturidade emocional, a pessoa adquire domínio de suas emoções, torna-se bem resolvida, sente-se livre para expressar seus sentimentos, corre riscos e assume responsabilidade por suas escolhas e atos. Sua comunicação é pautada na firmeza e autoconfiança, expressando, sem rodeios e constrangimento, o que pensa, sente e precisa, permitindo que o outro faça a mesma coisa.

Uma pessoa madura tem tendência a encarar seus medos e criar estratégias para resolvê-los, sentir raiva de forma construtiva, indignando-se com as injustiças, crueldades e mentiras. No nível mais elevado de maturidade emocional, essa pessoa empreende uma luta pela igualdade dos direitos humanos e pela ética.

Para clarificar mais o nosso entendimento, acredito que precisamos compreender as origens das nossas emoções e o nosso estilo emocional. Assim poderemos, com mais objetividade, definir um plano de ação de melhoria com mais sucesso. Por isso, quero trazer para você ideias e pesquisas de dois grandes estudiosos, que admiro e certamente nos darão a resposta do entendimento da construção e origens do nosso estilo emocional como adultos que somos.

ORIGENS DO NOSSO JEITO DE SER, SEGUNDO DAVID VISCOTT

Quais são as origens do nosso jeito de ser e principalmente de sentir e lidar com nossas emoções?

Certa vez, lendo um livro de David Viscott, *Liberdade Emocional*, chamou-me atenção sua abordagem sobre a construção do nosso emocional enquanto criança e suas consequências na vida adulta. Vale a pena compartilhar aqui com você, leitor.

Segundo David Viscott, a maturidade emocional inicia-se no começo da vida. Ele classifica em três os fatores de desenvolvimento (Figura 2.2) inerentes ao ser humano, que determinam nosso jeito de lidar com a vida na fase adulta.

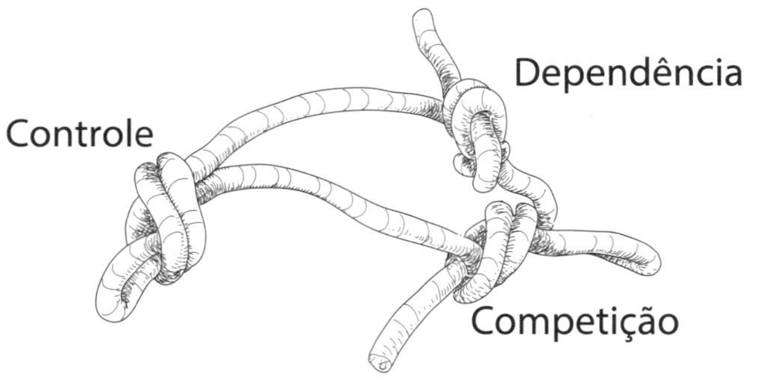

Figura 2.2 — Os três fatores de desenvolvimento humano, segundo David Viscott, em sua obra *Liberdade Emocional*

Dependência

É a primeira necessidade que aparece no ser humano, logo nos primeiros meses de vida. Como o bebê não pode cuidar de si, sente a necessidade de proteção.

Essa é uma fase importante para o ser humano aprender a ser seguro e a cuidar das pessoas. Se o período da dependência não for bem desenvolvido, a criança pode se sentir desamparada e carente ou ser mimada demais, reforçando o egocentrismo natural da criança.

Depois, na fase adulta, um profissional mal desenvolvido e sob estresse pode voltar às origens, prorrogando o período da dependência, sentindo-se frágil e desamparado, agindo de modo dependente em suas relações de trabalho.

Algumas características do caráter dependente excessivo

- Terá dificuldade de correr riscos.
- Sentirá ciúmes pela falta de atenção, não suportando qualquer sintoma de rejeição e se sentindo arrasado diante do abandono.
- Provavelmente, se subjugará aos outros para não ser abandonado, adotando, assim, um comportamento defensivo.
- Dependerá do *feedback* do outro para se sentir bem.

O adulto dependente *necessita* do outro para ser feliz e realizar seus planos. Normalmente, faz escolhas inconscientes, colocando-se em uma posição de "não tenho saída", "só tenho uma escolha, permanecer na situação".

Ao lidar com seu emocional, uma pessoa dependente tem tendência a engolir seus sentimentos negativos. Com medo de magoar os outros e, por consequência, ser rejeitado, evita a todo custo qualquer possibilidade de provocar conflitos. O preço pode ser a não expressão de suas emoções. Com a raiva acumulada, pode explodir a qualquer momento, como uma criança birrenta.

Por outro lado, se essa pessoa foi uma criança bem fortalecida e construiu uma memória de pessoa bem cuidada, é provável que tenha desenvolvido a capacidade de suportar a dor de separações e desconfortos inevitáveis da vida, ou seja, é um adulto que lida bem com rompimentos, é bom nutridor de si e dos outros e, finalmente, não sofre profundamente de carência emocional.

Uma pessoa bem desenvolvida emocionalmente, normalmente focará o ponto forte — sua força maior —, que é a independência. Sob estresse, sairá da situação com seu conteúdo emocional fortalecido e, se precisar, não hesitará em pedir ajuda ao outro.

Um profissional independente quer estar com o outro porque gosta, mas ele independe do outro para se sentir feliz. Normalmente, faz escolhas conscientes, colocando-se em uma posição de liberdade emocional e responsabilidade emocional para escolher aquilo que o faz se sentir confortável. "Isso eu quero, isso não quero." Por essa razão, a raiva, em cada indivíduo, tem sua devida dimensão, sendo ou não expressa com eficácia, pois, quanto maior for a independência, melhor a pessoa escolhe o que quer para si, sem a necessidade de culpar o outro por suas frustrações, como é o caso dos dependentes.

Controle

O segundo fator é o do controle, que normalmente começa quando a criança domina as habilidades de andar e de falar, impondo sua vontade sobre o ambiente. O gesto de apontar para os objetos de desejo, persuadindo os pais a rapidamente pegá-los, determina seu poder de controle sobre os outros. Dessa forma, as pessoas tornam-se controladoras para garantir que suas necessidades dependentes sejam atendidas.

A criança descobre que a palavra não tem a função de controle. Ela ganha poder e atenção, se continua a dizer não. Assim, desenvolve sua habilidade de ser um adversário e, obstinadamente, quando diz não, ela quer dizer "quero mostrar que não sou desamparada", tentando se livrar da bagagem emocional do estado anterior, de dependência total.

O maior medo da pessoa com características controladoras é perder o controle da situação. Ser contrariado e rejeitado em suas opiniões pode ser um forte gatilho estimulador de sua raiva, o que explica sua atitude crítica e depreciativa com as pessoas, em geral, como meio de proteção constante. É obstinado em mostrar sua competência, ao mesmo tempo em que se preocupa em demasia com que ninguém perceba suas fraquezas.

A pessoa independente automaticamente aprenderá a lidar bem com o controle, pois não precisa controlar para se sentir amparada, já que essa necessidade foi bem resolvida.

Algumas características do caráter controlador excessivo

Um adulto que não desenvolveu de forma saudável o período de controle poderá:

- Tornar-se mesquinho.
- Gostar excessivamente de dinheiro para ter mais poder sobre as pessoas.
- Ser vingativo e guardar rancor por falhas que os outros desconsideram.
- Ficar ferido quando é rejeitado.
- Ficar ressentido e reagir fortemente se não tiver suas opiniões levadas a sério.

Um adulto que passou por essa fase de modo saudável demonstra ser justo, equilibrado e responsável, antecipa suas falhas e as dos outros, corrigindo-as, é grande pesquisador, estudioso, detalhista, organizado e possui grande capacidade dedutiva e analítica. Aprecia tudo que lhe dê sensação de controle sobre seu ambiente.

Nossa criança com as necessidades de **dependência e de controle** entrará no **terceiro período competitivo**, disputando o amor e o controle com outras crianças. Cada criança desenvolve traços dependentes, controladores e competitivos em níveis diferentes, mas o estágio dependente deixa marcas profundas no conteúdo emocional.

Competição

O terceiro fator é a competição, que se inicia por volta dos dois anos de idade, quando a criança começa a se afirmar diante das outras crianças na luta pela sobrevivência e pela garantia do amor e do controle das situações.

Uma pessoa competitiva, para se defender, finge não se importar com rejeição, exclusão e outros estímulos de sentimentos negativos. Com isso, vai se ferindo e, quando precisa expressar sua raiva, a reação é de explosão com rancor e, às vezes, cruel em demasia.

A raiva é rápida e intensa, sendo expressa por meio de comentário agressivo e embaraçoso, ou mesmo criticando e apontando falhas no outro, com a intenção de humilhar e denegrir a imagem da pessoa que lhe causou decepção por ter suas expectativas frustradas.

O maior medo do profissional com caráter excessivo de competição é não ser o número 1, pois acredita que o número 2 é o primeiro da fila dos perdedores.

Resumindo:

- A pessoa dependente conta com sua carência para inspirar o outro a cuidar dela.
- A pessoa controladora, também motivada por sua necessidade dependente, usa o controle para evitar que seja abandonada.
- A pessoa competitiva tenta fazer com que os outros apreciem suas realizações. Trabalha pelo elogio e pela estima dos outros. Por isso, sua meta principal é ser o número 1.

No contexto organizacional ou na vida pessoal:

- Uma pessoa dependente, quando é ferida, se sente rejeitada, traída e sem valor.
- Uma pessoa controladora, quando ferida, tende a se sentir impotente, estúpida e prejudicada.
- Uma pessoa competitiva, quando ferida, tende a se sentir derrotada e perdedora.

Esses sentimentos negativos normalmente vêm acompanhados de fortes emoções de raiva e medo.

Portanto, ter acesso livre a seus sentimentos e entender suas motivações internas ajudarão muito a administrar as emoções, o que é um bom caminho para alcançar a maturidade emocional e, por consequência, lidar de forma eficaz com suas necessidades internas de dependência, controle e competição.

REFLEXÕES

Faça uma pausa e reflita sobre com quais características dos três fatores você se identifica mais ou menos. Entender como você funciona ajudará muito a desenvolver seu autoconhecimento.

ORIGENS DO NOSSO JEITO DE SER, SEGUNDO RICHARD DAVIDSON

A intensidade e a frequência com que você se sente importante, competente e querido e o quanto se sente resolvido em suas necessidades infantis, quais sejam a dependência, o controle e a competição, influenciam diretamente no seu estilo emocional, ou seja, no seu jeito de lidar com as emoções. Para analisarmos o estilo emocional, usaremos a abordagem de Richard Davidson, um provedor brilhante de conhecimentos científicos bem interessantes, originados de mais de 30 anos de estudos desse psicólogo e neurocientista. Ele descobriu, em suas pesquisas sobre o funcionamento do cérebro na área da neurociência afetiva, as seis dimensões do estilo emocional do cérebro.

Segundo Richard Davidson, em seu livro *Estilo Emocional do Cérebro*, nosso estilo emocional resulta dos circuitos cerebrais criados, no início da vida, pelos genes que herdamos. Esse estilo foi moldado pelas experiências vividas durante toda a nossa vida, podendo ser alterado por um esforço consciente e intencional em algum momento, pelo cultivo deliberado de qualidades ou de hábitos mentais específicos. Isso significa que, se você cultivou bons hábitos durante sua vida, é provável que seu estilo emocional esteja bem moldado. Se, porém, você percebe que seu equilíbrio emocional pode ser melhor, não hesite. Faça aqui seu diagnóstico, seu plano de ação de melhoria e tenha foco e persistência para promover as mudanças necessárias.

Você já deve ter ouvido que, com a idade mais avançada, o cérebro vai envelhecendo, impossibilitando uma pessoa madura de mudar e aprender novos hábitos. Esse pensamento perdurou em muitas pessoas porque, durante décadas, os neurocientistas presumiram que o cérebro adulto tinha forma e função essencialmente fixas. Na verdade, o cérebro tem uma propriedade chamada **neuroplasticidade** — a capacidade de modificar sua estrutura e sua função de maneira considerável. Essa mudança pode ocorrer em resposta às nossas experiências e aos nossos comportamentos.

Isso significa que, enquanto estivermos vivos, podemos interferir na qualidade de nossas conexões cerebrais.

Como? Usando apenas a atividade mental — da meditação à terapia cognitivo-comportamental, fazendo com que nos tornemos mais atentos aos sinais sociais, mais sensíveis a nossos sentimentos e sensações corporais e mais: que adotemos uma atitude consistentemente mais positiva.

Qual é o seu estilo emocional?

Richard Davidson conseguiu identificar seis dimensões do estilo emocional, com base em suas pesquisas do funcionamento do cérebro e de seus impactos no ser humano. Suas pesquisas na área da neurociência afetiva estudaram os mecanismos cerebrais que estão por trás das nossas emoções e a nossa busca por maneiras de melhorar a sensação de bem-estar e de promover qualidades mentais positivas.

Sua pesquisa na neurociência afetiva demonstrou que é nas regiões dedicadas ao raciocínio elevado que se encontra a chave para alterar tais padrões de atividade cerebral. Qualquer coisa que esteja ligada ao comportamento humano, aos sentimentos e às formas de pensar surge do cérebro. As descobertas de Davidson foram as primeiras a demonstrar que as emoções positivas e as negativas distinguem-se pela ativação do córtex pré-frontal esquerdo (emoções positivas) e do córtex pré-frontal direito (emoções negativas).

A ideia de estilos emocionais surgiu quando Davidson viu que o mesmo estímulo de uma emoção positiva ativava o pré-frontal esquerdo e a emoção negativa ativava o pré-frontal direito com intensidades diferentes em cem pessoas que participaram de sua pesquisa para esse fim.

Tendo em vista que o estilo emocional é resultado de todas as funções cerebrais — conexões, circuitos, relações estrutura/função e neuroquímica — Davidson e sua equipe concluíram que o cérebro contém as bases físicas do estilo emocional. Concluíram também que o cérebro pode sofrer mudanças fundamentais, ou seja, o estilo emocional pode mudar.

Ele conceitua o estilo emocional como um modo consistente de respondermos às nossas experiências de vida. Diz ainda que estilos emocionais são constelações de reações e estratégias emocionais, que diferem segundo o tipo, a intensidade e a duração em cada pessoa.

Estilo emocional

Segundo Davidson, o estilo emocional tem seis dimensões: resiliência, atitude, intuição social, autopercepção, sensibilidade ao contexto e atenção.

Davidson descobriu que pessoas diferentes têm estilos emocionais distintos, ficando convencido de que as diferenças individuais são, justamente, a característica mais notável das emoções.

Agora, você poderá refletir também como lida e se sente diante desses seis fatores, trazendo ao consciente os seus pontos vulneráveis e fortalezas emocionais. Vamos à sua autoanálise:

1 - RESILIÊNCIA — É saber lidar com o estresse, sentindo-se fortalecido e motivado para seguir em frente. A resiliência equilibra-se nas forças internas da pessoa e nas suas interações humanas.

O indicador principal da resiliência é a **velocidade** com que nos recuperamos de uma adversidade, que pode ser a partir de uma recuperação rápida indo até uma recuperação lenta.

Como é sua recuperação? Vou lhe dar dois exemplos para reflexão: quando você discute com um amigo próximo ou com alguém querido, isso o deixa mal-humorado por mais tempo que você desejaria ou você conversa e resolve a questão sem ficar sofrendo por isso? Se você comete um erro no trabalho e é repreendido, você consegue enxergá-lo como uma experiência de aprendizado ou fica se remoendo por muitas horas ou dias?

Lembre-se de *feedbacks* recebidos e como reage diante de situações de risco. Argole o número que considera ser adequado para sua recuperação frente a uma situação que lhe causa desconforto emocional e fragilidade.

1	2	3	4	5	6	7	8	9	10
Recuperação Lenta									Recuperação Rápida

2 - ATITUDE — É um jeito decidido e positivo de ser. Uma pessoa tem atitude, quando possui aquela força interna que lhe dá energia e estímulo para visualizar ou viver uma situação com positividade, tornando a situação agradável.

O indicador principal da atitude é por quanto tempo conseguimos **sustentar as emoções positivas.**

Por quanto tempo você costuma manter-se com uma atitude positiva? Vou lhe dar exemplos: quando você vai a uma festa, tem uma sensação positiva que tende a se manter ao longo de toda a noite ou a tendência é se sentir entediada depois de um tempo e sair antes do término da festa?

Cenas visualmente bonitas, como um pôr do sol maravilhoso, tendem a perder a graça com rapidez, de modo que você fica entediado, ou o deixa positivo durante todo o dia?

Lembre-se de *feedbacks* recebidos e também como você vê seu estado emocional, mais positivo ou mais negativo. Argole o número que considera ser adequado para sua atitude, indo de total atitude negativa (1) para total atitude positiva (10).

1	2	3	4	5	6	7	8	9	10
Negativa									Positiva

3 - INTUIÇÃO SOCIAL — É a facilidade com que captamos os sinais sociais emitidos pelas pessoas ao nosso redor.

Existem pessoas que não percebem quando sua linguagem e postura estão deixando o outro constrangido ou cansado, e continuam expressando-se inadequadamente. É provável que tal comportamento somente será bloqueado com a reação do outro, ao impor limites. Ao serem repreendidas, emoções negativas aparecerão para dar um tom defensivo no relacionamento. É o conflito estabelecido. Normalmente, não entendem porque as pessoas se chateiam e, mais, distorcem os fatos da realidade objetiva.

Pessoas com capacidade de captar os sinais sociais emitidos pelas pessoas ao seu redor normalmente estabelecem relações sadias e sabem prevenir e administrar conflitos adequadamente.

Vou dar um exemplo para sua reflexão: quando você conversa com alguém, costuma perceber sinais sutis das emoções do seu interlocutor — desconforto ou raiva, por exemplo — ou se assusta quando alguém reage raivosamente porque você não percebe nada do outro?

Lembre-se de *feedbacks* recebidos e argole o número que considera adequado para sua intuição e percepção do ambiente. Quanto mais alta for a sua pontuação, maior será a sua intuição social. Uma pontuação mais baixa sinaliza que você está mais propenso a ser socialmente desnorteado, ou seja, não percebe adequadamente a comunicação verbal e não verbal do seu interlocutor.

1 2 3 4 5 6 7 8 9 10

Desnorteado — Intuitivo

4 - AUTOPERCEPÇÃO — É nossa capacidade de perceber as sensações corporais relacionadas às emoções. É a percepção, por meio do nosso corpo, sobre o que acontece conosco. Sabemos que nosso corpo dá os sinais, cabendo-nos perceber e agir prontamente, prevenindo-nos de comportamentos e reações inadequadas e fora do nosso controle. A autopercepção é uma proteção, pois nos avisa sobre nossos limites e a hora certa de parar.

Quer ver exemplos? Você consegue descrever suas emoções e o que o seu corpo fala? Quando sente dores pelo corpo, você consegue identificar as suas origens?

Reflita sobre esse fator, que certamente influencia na qualidade da gestão emocional.

Lembre-se de *feedbacks* recebidos e argole o número que considera adequado para sua autopercepção. Quanto mais alta for a sua pontuação, maior será a sua autopercepção. Uma pontuação mais baixa sinaliza que você ignora o que se passa dentro de você e, assim, está mais propenso a não perceber o que acontece com seu emocional, o que dificulta seu autoconhecimento.

1	2	3	4	5	6	7	8	9	10

Autoignorante — Autoperceptivo

5 - SENSIBILIDADE AO CONTEXTO — É a capacidade de regularmos nossas respostas emocionais para que correspondam ao nosso contexto social.

Ter sensibilidade ao contexto contribui para melhorar nossa intuição social, pois, à medida que percebemos em que ambiente estamos, tornamo-nos mais pertinentes nas relações sociais.

Muitas vezes, vemos profissionais que choram por qualquer motivo; que brigam e gritam com o colega no ambiente de trabalho, ou por inveja exacerbada, faz fofoca do colega ou não colabora com a intenção de atrapalhar a vida do colega invejado. Existem aqueles que aproveitam um evento social para pedir aumento ao chefe, seduzir colegas de trabalho ou exageram nas brincadeiras. São reações emocionais que não condizem com o ambiente de trabalho. O esperado é que o profissional seja colaborativo, responsável, transparente e maduro.

Lembre-se de *feedbacks* recebidos e argole o número que considera adequado para sua sensibilidade ao contexto. Se sua pontuação ficou abaixo de três, você está do lado desligado do contexto. Uma pontuação de oito ou mais indica que você é muito atento ao contexto.

1	2	3	4	5	6	7	8	9	10

Desligado ▮▮▮▮▮▮▮▮▮▮ Antenado

6 - ATENÇÃO — Quão aguçada e clara é a nossa concentração.

Esse fator é primordial para que os outros fatores tenham sucesso, pois uma pessoa distraída e não focada, além de não perceber os sinais corporais, as mensagens subliminares do outro e como se comportar de forma adequada a cada ambiente, ela não consegue focar com determinação nos seus resultados. Assim, sua resiliência fica também comprometida de forma negativa.

Veja alguns exemplos para sua reflexão: sua atenção tende a ser atraída por estímulos e eventos do ambiente e, uma vez que isso acontece, tem dificuldade em se desligar deles? Tem facilidade em conversar com uma pessoa numa situação em que haja muita gente ao redor? Você consegue se desligar dos outros em ambientes barulhentos, se concentrando e, ao mesmo tempo, percebendo o que estão fazendo?

Lembre-se de *feedbacks* recebidos e argole o número que considera adequado para sua atenção. Uma pontuação de oito ou mais significa que você se situa no extremo concentrado e uma pontuação de três ou menos significa que você tende a ser desconcentrado.

1	2	3	4	5	6	7	8	9	10

Desconcentrado ▮▮▮▮▮▮▮▮▮▮ Concentrado

Lembre-se sempre, a palavra-chave é equilíbrio e isso vale para analisar sua pontuação nos seis fatores do seu estilo emocional.

Pontuação 1 pode indicar um estilo emocional que, todo o tempo, está focado em:

- Agir passivamente diante das situações adversas, acreditando que o tempo resolve tudo.
- Negativo em sua atitude frente à vida, tornando-se uma pessoa pessimista e bloqueando suas iniciativas.

- Desnorteado em sua sensibilidade social, tornando-se uma pessoa insensível ou antissocial.
- Ignorante e não percebendo seus limites, podendo vir a somatizar as emoções negativas e adquirir doenças.
- Desligado para perceber o contexto, tornando-se uma pessoa inadequada.
- Desconcentrado em sua atenção, dificultando seu empenho em atingir metas e resolver problemas. A dificuldade na atenção pode prejudicar todas as outras cinco dimensões, pois todas elas dependem da percepção de si e do meio, cuja base é a atenção.

Pontuação 10 indica um estilo emocional positivo, porém existem alguns riscos que devem ser cuidados.

Um emocional extremamente positivo, todo o tempo, pode estar preocupado em:

- Recuperar-se muito rapidamente nas situações adversas para não se sentir fragilizado.

  Risco: Negar seus próprios medos e fragilidades e, com isso, não se aprofundar na solução da situação. Ou então exigir demais de si, tornando-se, inclusive, agressivo.

- Ser sempre positivo frente a todas as situações da vida.

  Risco: Tornar-se ingênuo e não perceber os riscos normais das situações e, quando as coisas não acontecerem de forma positiva, sua frustração poderá levá-lo a uma depressão.

- Ser intuitivo e estar sempre atento às reações das pessoas.

  Risco: Ficar obsessivo e enxergar coisas que não existem, além de esquecer de si mesmo. Pode desenvolver um comportamento defensivo.

- Não deixar passar despercebido nenhum sinal do que seu corpo está comunicando.

  Risco: Ficar extremamente sensível a qualquer reação corporal, tornando-se um hipocondríaco. Por exemplo, sentir uma dor no peito e entrar em pânico por acreditar que está à beira de um infarto.

- Ficar antenado todo o tempo para não perder informações e o controle do contexto.

  Risco: Provocar uma atenção exagerada ao contexto, inibindo a espontaneidade emocional. Tornar-se extremamente antenado a cada detalhe do ambiente e ficar com medo de agir e de fazer algo errado. Pode moldar seu comportamento pelo que pensa ser exigido em cada situação.

- Superconcentrado em tudo o que faz, todo o tempo.

  Risco: Tornar-se um alienado e perder a percepção do contexto e a visão do todo.

O perfil ideal é aquele no qual você se sente confortável, em cada situação, o que será seu ponto do equilíbrio. Somente você saberá qual é o seu em todas as dimensões.

Daqui para frente, o objetivo deste livro é dar informações para você buscar esse equilíbrio no seu estilo emocional e se tornar uma pessoa mais consciente e mais estratégica ao lidar com suas emoções, tornando-as emoções inteligentes.

Vamos pensar sobre seus resultados. Que ações você pode fazer para encontrar o equilíbrio nas seis dimensões do estilo emocional?

REFLEXÕES

TAREFA 1 — Pense nas suas fortalezas, que são as dimensões mais equilibradas. Como você pode usar essas forças a seu favor?

____

____

____

TAREFA 2 — Pense em cada uma das seis dimensões e escreva que ações fará para melhorar seu estilo emocional?

Resiliência:

____

____

Atitude:

____

____

Intuição social:

____

____

Autopercepção:

____

____

Sensibilidade ao contexto:

____

____

Atenção:

____

____

CONCLUSÃO

Podemos concluir que, ao desenvolver ações que equilibrem as seis dimensões do seu estilo emocional, você tenderá a:

- Incorporar crenças otimistas e realistas, tais como "eu sou querido, eu sou adequado e eu sou competente", que o colocam em uma situação confortável consigo e com as pessoas de seu relacionamento.
- Tornar-se uma pessoa pertinente em sua comunicação e postura, respeitando a si e ao outro.
- Tornar-se uma pessoa fortalecida por bons hábitos emocionais e comportamentais, de tal forma que, se em algum momento de sua vida as crenças "eu não sou amado, eu não sou competente e eu não sou adequado" aflorarem, você terá um repertório mais otimista para ressignificar seus pensamentos negativos e rapidamente resolver suas inseguranças e conflitos pessoais e profissionais. Seu cérebro e sua saúde vão agradecer muito.
- Enfim, ter um equilíbrio emocional invejável.

Vamos aprofundar mais o conhecimento do cérebro. Hoje, tornou-se vital conhecer o funcionamento do nosso cérebro, para que possamos remodelar nossos circuitos neurais com ingredientes positivos e, assim, estimular hormônios da recompensa, do prazer e da gratidão, bem como administrar os hormônios do estresse, por meio de técnicas e vivências de vida que deem a nossa mente o poder de ser bem resolvida, sem precisar recorrer aos atalhos caracterizados pelos remédios e outros hábitos comportamentais de evitamento das situações que nos causam desconforto.

Nos próximos capítulos, veremos como são geradas as emoções dentro do nosso cérebro e qual é o ciclo das emoções, desde sua geração até sua expressão pelo comportamento.

CAPÍTULO 3

CONHECENDO SEU CÉREBRO PARA MELHORAR SUA PERFORMANCE

POR QUE É IMPORTANTE ENTENDER O FUNCIONAMENTO DO CÉREBRO?

Segundo o neurocientista Richard Davidson, em sua obra *Estilo Emocional do Cérebro*, qualquer coisa que esteja ligada ao comportamento humano, aos sentimentos e às formas de pensar surge do cérebro.

Mais: o cérebro é um conjunto de vários sistemas, que permitem a nós sentir, interpretar consciente e inconscientemente, reagir, adaptar e interagir com o meio ambiente. Compreender esses sistemas nos permite, pela comunicação verbal e não verbal, interagir com tais sistemas, modificando os resultados, sejam cognitivos, emocionais ou comportamentais.

O IMPACTO DAS EMOÇÕES NO CÉREBRO E NO CORPO HUMANO

Imagine a cena: você acaba de ser ultrapassado, pelo acostamento, por um motorista mal-educado. O sangue flui para as mãos, esquentando-as, aceleram-se os batimentos cardíacos e a adrenalina gera energia forte o suficiente para uma ação vigorosa. Seu corpo dá sinais, avisando-lhe que você está dominado pela raiva. Se sua autopercepção estiver fraca e você não conseguir escutar seu corpo, sua resiliência terá recuperação lenta. Sua atenção ficará contaminada pela raiva e você só pensará em retaliar, o que pode colocar sua vida em risco. Sua atitude será negativa, regada pela intensa vontade de retaliação.

Seu estilo emocional estará comprometido pela vulnerabilidade. Suas ações serão orientadas por um pensamento negativo. A perspectiva de perda do controle emocional será eminente e o resultado final, sabemos, não será nada saudável.

Além dos problemas psicológicos e comportamentais, emoções negativas descontroladas geram problemas no sistema nervoso, disfunção nas glândulas endócrinas e vários impactos no organismo.

Compreender os processos cerebrais que envolvem nossa matriz emocional nos ajudará a fazer escolhas mais cuidadosas e conscientes do que queremos ou não sentir e pensar.

AS EMOÇÕES E O SISTEMA NERVOSO

Uma parte muito importante do corpo é o sistema nervoso (Figura 3.1). Você pode pensar nos neurônios como fios que carregam sinais elétricos de uma parte do corpo à outra. São os neurônios que transportam informações dos olhos, ouvidos, nariz e do corpo para o cérebro, possibilitando a compreensão do mundo. Os neurônios também fazem o caminho inverso, ou seja, transportam os sinais do cérebro para o corpo, o que nos permite andar, falar e fazer todas as coisas que quisermos.

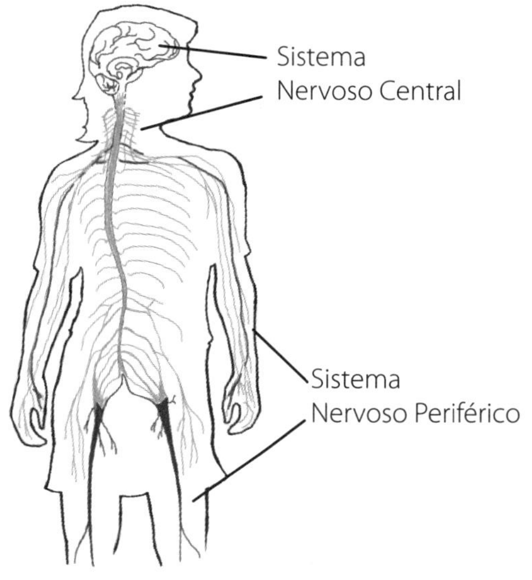

Figura 3.1 — Divisão do Sistema Nervoso e suas vias de comunicação: central e periférica

Essa comunicação coordenada pelo sistema nervoso é feita através das conexões sinápticas (Figura 3.2), que são os circuitos neurais representados pela comunicação entre os neurônios, que geram aprendizados e informações necessárias para dar vida ao nosso organismo, aos nossos pensamentos, emoções e ações.

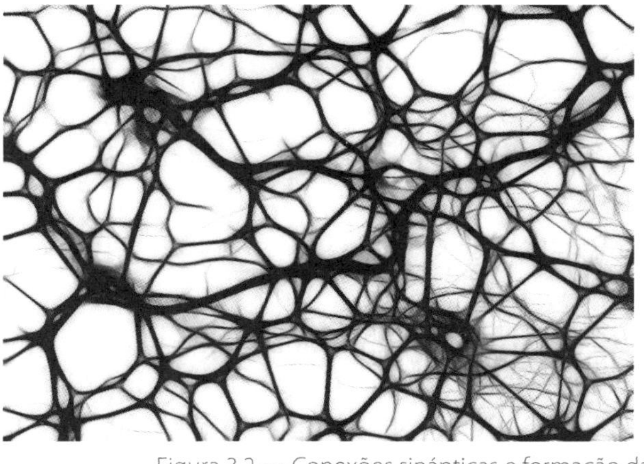

Figura 3.2 — Conexões sinápticas e formação das redes neurais

O cérebro humano contém cerca de 86 bilhões de neurônios, ligados por mais de 10.000 conexões sinápticas cada.

Os neurônios organizam-se em complexas **redes neurais**, que são geneticamente moldadas para estruturarem as inúmeras funções do Sistema Nervoso.

O neurônio é a célula do sistema nervoso responsável pela condução do impulso nervoso e, para isso, utiliza substâncias químicas para levarem as informações de um neurônio ao outro. Dá-se o nome de sinapse para essas trocas de informações entre neurônios.

A Dra. Carla Tieppo, neurocientista brasileira, diz que: "muitas pessoas acreditam que as influências químicas em nossa vida acontecem somente quando tomamos uma medicação, porém o tempo todo estamos sob influência de substâncias químicas."

"Tanto o nosso sistema nervoso quanto o sistema endócrino recebem informações sobre o meio interno e externo do indivíduo e produzem respostas adequadas que promovem a adaptação do indivíduo ao meio."

Tieppo afirma que "Não existe outra forma do nosso comportamento ser estimulado que não seja através das substâncias químicas."

NEUROTRANSMISSORES E HORMÔNIOS

Substâncias químicas que interferem no funcionamento do sistema nervoso e, por consequência, em nosso comportamento:

- Neurotransmissores são substâncias produzidas pelos neurônios, que atuam especialmente em algumas sinapses, ativando circuitos específicos do cérebro.
- Hormônios são substâncias que são liberadas pelas glândulas, caem na corrente sanguínea e atuam no corpo como um todo, inclusive no cérebro.

A **endorfina** é considerada um "analgésico natural" que leva a uma sensação de bem-estar e tranquilidade, podendo inibir o estresse. É transportada pelo sangue e garante a comunicação com outras células. Causa prazer e elimina a sensação de dor, tanto física quanto emocional.

Ela é produzida em resposta à atividade física e durante o orgasmo, visando a relaxar e dar prazer, despertando uma sensação de euforia e bem-estar, justificando o significado da palavra: endo = interno e morfina = analgésico.

É por essa razão que, depois de uma boa caminhada, as dores desaparecem e você se sente bem-humorado, aumentando a disposição física e mental, a memória e a concentração.

A **dopamina** está envolvida no controle de movimentos, aprendizado, humor, emoções, cognição, sono e memória.

Quando somos reconhecidos pela nossa competência, resultados atingidos no trabalho ou por apresentar uma qualidade pessoal, a dopamina é secretada e promove o chamado "Circuito da Motivação/Recompensa", conforme Figura 3.3.

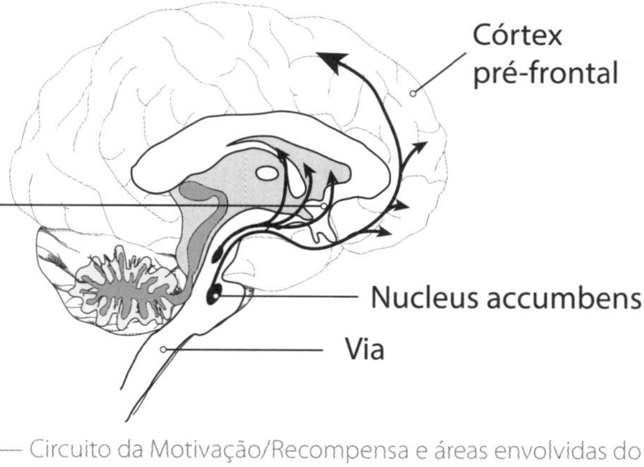

Figura 3.3 — Circuito da Motivação/Recompensa e áreas envolvidas do cérebro

Ao sermos acionados por um estímulo positivo, é ativada a dopamina e o circuito da recompensa faz com que sejamos tomados por uma energia positiva e uma sensação de bem-estar, o que nos leva a acreditar que valeu a pena o esforço empenhado. Cresce nossa motivação e a vontade de continuar apresentando o comportamento reconhecido.

Podemos perceber que a dopamina gera foco, porque a pessoa está tão motivada para atingir aquele resultado, que não consegue enxergar outra coisa diferente. É assim que se cria o hábito, resultado da recompensa segura para um determinado comportamento.

Onde entra a serotonina? Ela é responsável pelo prazer que vem com o circuito da motivação, quando se atinge o resultado e se obtém a recompensa buscada.

A **serotonina** atua no cérebro regulando o humor, sono, apetite, ritmo cardíaco, temperatura corporal, sensibilidade à dor, movimentos e as funções intelectuais. A falta ou a baixa secreção de serotonina em nosso cérebro pode nos levar à tristeza e depressão, ao mau humor, perturbar nosso sono e atrapalhar nosso processo cognitivo. Pode, inclusive, provocar reações de ansiedade e medo.

Uma das formas de aumentar a concentração de serotonina na corrente sanguínea é consumir alimentos ricos em triptofano, também ricos em proteínas como carne, peixe, ovo ou leite e derivados. De preferência, consumi-los de manhã, para que seu efeito perdure o dia inteiro.

Por outro lado, como diz a Dra. Carla Tieppo, o excesso de serotonina pode estimular comportamentos agressivos, em razão de confiança em demasia no próprio desempenho. E mais: a serotonina está também muito relacionada à obtenção de status e poder.

A **adrenalina** é produzida pelas glândulas suprarrenais, sendo considerada a substância do estresse porque é liberada em caso de perigo. Quando presente, põe o corpo em estado de atenção máxima. As funções cardíaca e circulatória, a respiração, o processamento dos estímulos por parte do cérebro passam a operar no máximo, a fim de possibilitar pronta reação, de fuga ou luta, e todas as reservas de energia são postas a serviço de uma excitação e atividade corporal elevadas.

Na medida em que prepara o corpo para ação, causa alguns efeitos: sudorese excessiva, contração dos vasos sanguíneos, taquicardia (aumento dos batimentos cardíacos), aumento da pressão arterial e frequência respiratória.

Porém, a adrenalina é liberada também em outras situações onde haja necessidade de disponibilizar maior energia. Segundo Dra. Carla Tieppo "a liberação da adrenalina está diretamente relacionada com a ativação de nosso cérebro e a capacidade de mantermos nossa atenção sustentada em algum assunto. Ela é imprescindível à motivação e à sensação de estar energizado e bem disposto."

A noradrenalina, também chamada de noraepinefrina, tem função idêntica à adrenalina, com a diferença que está relacionada a controles mais locais, como por exemplo, ajustar a pressão sanguínea, quando necessário. Também influencia o humor, o sono e a alimentação junto com a serotonina, a dopamina e a adrenalina.

O **cortisol** está intimamente ligado ao sistema emocional, que serve para controlar inflamações, alergias, níveis de estresse, diminuir a imunidade, manter a estabilidade emocional, estimular o açúcar do sangue e criar proteínas.

É produzido pela glândula suprarrenal e está envolvido na resposta ao estresse; aumenta a pressão arterial, os triglicérides, o colesterol e o açúcar no sangue.

Com a liberação normal, o cortisol restaura a homeostase e o equilíbrio interno do organismo depois do estresse.

Por outro lado, a secreção crônica de cortisol causa perda muscular e hiperglicemia, além de suprimir as respostas inflamatórias e imunes, provocando uma baixa em nossa resistência orgânica.

Além disso, a exposição, a longo prazo, ao cortisol resulta na danificação das células do hipocampo, levando à diminuição da capacidade de aprendizagem. Entretanto, a exposição a curto prazo ao cortisol ajuda no processo de criar memórias.

Pode-se considerar que tudo que nos ameaça é predador, pronto para nos atacar e garantir sua própria sobrevivência. Imagine a guerra de hormônios na competição nada saudável no ambiente de trabalho.

Você agrada a seu chefe para não ser mal avaliado, não perder o emprego ou porque deseja que ele goste de você. Se seu chefe não o cumprimenta, você entra em estado de vigilância, se perguntando o que está acontecendo: "O que fiz de errado? Por que ele está agressivo comigo?" Se você é elogiado em público, percebe que um colega torceu o nariz e não gostou de seu alto conceito ou, quem sabe, seu chefe ficou enciumado, e você pensa que isso não é nada bom. Você percebe que o colega, concorrente à promoção na mesma vaga, está boicotando seu trabalho, mas como provar?

Na verdade, seres inteligentes e racionais não possuem predadores como os animais irracionais, porém os profissionais vivem tensos com a figura imaginária do predador dentro de seu campo emocional, lutando o tempo todo para se manter em uma posição favorável dentro da hierarquia organizacional.

Vimos que pagamos um preço alto por viver sob tais fatores estressantes constantemente. Deflagramos secreção exagerada de hormônios próprios do estresse, o que, no longo prazo, provoca efeitos devastadores em nosso organismo, além de provocar a diminuição das substâncias químicas do prazer e recompensa.

Podemos concluir que estímulos externos e internos provocam a secreção de substâncias químicas, causando em nós uma sensação de conforto, acompanhada de emoções positivas, energia estimulante da nossa motivação, determinação e vontade, ou ainda, causando em nós a sensação de desconforto e ameaça acompanhados de emoções negativas, tais como medo, raiva e tristeza. Lembrando sempre que os impactos dependerão da frequência e intensidade da produção dessas substâncias em nosso organismo.

Por outro lado, podemos concluir que estímulos negativos provocam a secreção de hormônios do estresse, causando em nós a sensação de desconforto e ameaça, acompanhada de emoções negativas, tais como medo, raiva e tristeza.

Como é, porém, o circuito das emoções no cérebro? Para obter essa informação, é preciso entender melhor qual é a função das três partes do cérebro, segundo o Dr. Paul D. Maclean.

Nota explicativa: Sabemos que se popularizou a denominação "os três planos do cérebro" e "cérebro reptiliano", quando na verdade, os nomes corretos são: "os três planos do encéfalo" e "encéfalo reptiliano". Mas, vamos usar aqui a denominação "os três planos do cérebro", como vem sendo divulgado.

OS TRÊS PLANOS DO CÉREBRO

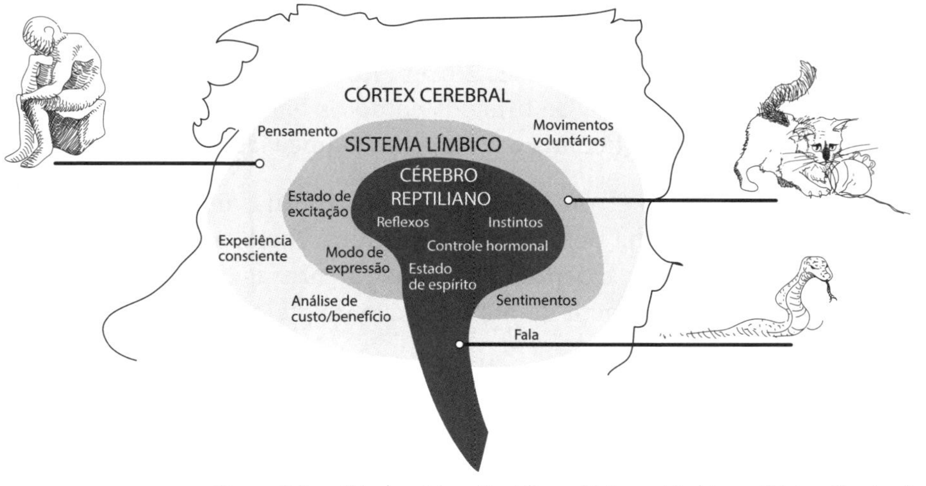

Figura 3.4 — Cérebro trino: Reptiliano, Sistema Límbico e Córtex Cerebral

A **Teoria do cérebro trino** foi elaborada em 1970 pelo neurocientista Paul MacLean e apresentada em 1990, em seu livro *The Triune Brain in evolution: Role in paleocerebral functions.*

Cérebro reptiliano

É a parte mais primitiva do cérebro, situada em volta do topo da medula espinhal, e compreende o tronco cerebral e o cerebelo.

Ele cuida de funções vitais básicas, como a respiração e o metabolismo dos outros órgãos do corpo, como peristaltismo intestinal e batimentos cardíacos, além da modulação sensorial de tônus muscular e de equilíbrio. Pode-se dizer que esse cérebro primitivo não pensa e não aprende; ao contrário, ele possui um conjunto de reguladores pré-programados, que mantém o funcionamento do corpo, reagindo de forma a garantir sua sobrevivência. Esta parte do cérebro é tão vital que sua morte é a definição de morte cerebral.

O tronco cerebral é a região responsável pelas reações emocionais. Essa parte do cérebro reptiliano é a base instintiva, na qual moram os reflexos, instintos e estado de excitação, dando a medida exata do grau de intensidade e possibilidades de nossa irritação, por exemplo. As estruturas que o compõem são a formação reticular e o lócus cerúleo, uma massa concentrada de neurônios secretores de norepinefrina.

A norepinefrina desempenha um papel muito importante na resposta de luta ou fuga ao estresse. Entretanto, a norapinefrina está mais envolvida na manutenção de funções como os batimentos cardíacos, a pressão sanguínea, a glicemia e a resposta a ameaças.

Já o lócus cerúleo é um produtor de serotonina, neurotransmissor do prazer e, quando há deficiência dessa substância, as consequências são medo, insegurança e depressão. Essas estruturas cuidam dos mecanismos de alerta e também da manutenção do ciclo vigília–sono.

Cabe destacar também o papel do hipotálamo: do tamanho de uma unha do polegar, controla funções vitais do nosso organismo, como a regulação de hormônios, a temperatura corporal, glândulas adrenais e outras atividades vitais como intestino e estômago.

É o intermediário do cérebro na tradução das emoções em respostas físicas. Quando emoções são geradas no cérebro, o hipotálamo envia sinais para que o corpo reaja. Por isso, quando sentimos medo ou excitação, há um aumento dos batimentos cardíacos e a respiração se torna ofegante.

O tronco cerebral possui outra estrutura cerebral chamada de núcleos dos pares cranianos que, impulsionados pelo córtex e pelo estriado, respondem pelas alterações fisionômicas dos estados afetivos, como expressões de raiva, tristeza, alegria e amor, entre outras.

Os répteis, protegem-se dos predadores através do ataque ao potencial inimigo, como estratégia de conquista e manutenção do estado de segurança, estimulados pelo cérebro reptiliano.

Pessoas raivosas e explosivas normalmente utilizam essa área do cérebro, prioritariamente e de forma exagerada, pois, através dos pensamentos irracionais, criam perigos virtuais, reagindo por meio de mecanismos de defesa. Quando, porém, é usado na hora e na intensidade certa e diante de um perigo real, o cérebro reptiliano é vital para a sobrevivência do ser humano.

Como saber se o perigo é real ou virtual? Fique tranquilo. Para isso, somos seres pensantes e podemos avaliar os riscos e tomar decisões maduras e eficazes.

Sistema límbico

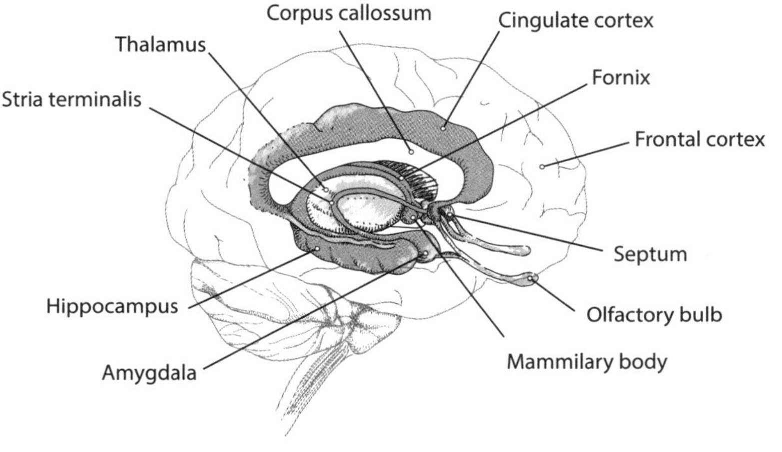

Figura 3.5 — Sistema Límbico

No processo evolutivo, o sistema límbico acrescentou emoções ao repertório do cérebro, pois são elas que dão sabor à vida. Quando você está sob o domínio da fúria ou perdidamente apaixonado, ou apavorado, é o sistema límbico que está no poder. Isso quer dizer que, sem mesmo tomar consciência, a emoção já brotou no límbico e nem sabemos o que sentimos. Somente quando ela chega ao consciente — no córtex cerebral, você passa a reconhecer qual emoção está presente. Exemplo: quando vejo alguém querido, sinto inicialmente uma sensação de conforto e só depois da tomada de consciência reconheço a emoção de alegria.

Límbico é derivado de "limbus", palavra latina que significa "orla". Ele cerca o tronco cerebral, sendo responsável por funções como aprendizado, motivação, memória e emoção.

Através do sistema límbico, vivemos emoções sob a forma de estados de espírito inconscientes, que exercem forte influência sobre nosso comportamento. O sistema límbico é formado por estruturas cerebrais com papéis diferentes no ciclo das emoções:

TÁLAMO: É o centro de comunicação do cérebro, pois recebe as informações dos órgãos sensoriais e as redistribui ao córtex cerebral e ao sistema límbico. O córtex cerebral envia informações motoras para promover o comportamento do corpo.

AMÍGDALA: Pequena estrutura em forma de amêndoa, relaciona-se com medo, apego, memória e experiências emocionais através da vida. É a amígdala que recebe a informação vinda do mundo exterior, avisando qual é a emoção a ser sentida, como a raiva, medo, tristeza ou alegria. A estrutura chamada **ínsula** é responsável pelos estímulos que vêm de dentro, como as elucubrações que fazemos e que terminam em pensamentos negativos.

A amígdala atua como um depósito da memória emocional e dá significado à vida, pois a vida sem a amígdala é totalmente privada de significados emocionais, como alegria, prazer, tristeza, medo, raiva e amor.

Existem duas amígdalas, uma para cada um dos hemisférios cerebrais, que se interconectam com o hipocampo, os núcleos septais, a área pré-frontal e o tálamo. Essas conexões controlam atividades emocionais como bem-estar, medo, raiva e tristeza. Se houver lesão na amígdala, o ser humano perde a memória emocional relativa à informação do mundo exterior.

Como se pode perceber, a amígdala envia conexões para todos os órgãos para exercer sua principal função, que é a de avaliar, mediar e controlar o valor emocional. Isso significa que qualquer informação do mundo exterior, antes de chegar ao córtex, tornando-se consciente, primeiramente passa pelo tálamo e, na sequência, é captada pela amígdala, que dará ao ser humano o gosto bom ou amargo da vida.

HIPOCAMPO: Assim como a amígdala, existem dois hipocampos: direito e esquerdo. Possuem o formato de um cavalo-marinho. O hipocampo organiza a memória espacial e explicita, em colaboração com o córtex cerebral, se aquela emoção é coerente e se faz parte de nosso repertório de resposta. O hipocampo é essencial para o aprendizado de características de entidades: pessoas, lugares e acontecimentos. Depois de aprendidos os fatos, a memória de longo prazo conta com sistemas cerebrais com vários componentes, cujas partes principais localizam-se em vastos espaços cerebrais, conhecidos como córtices. Um hipocampo intacto possibilita que o homem compare as condições de uma ameaça atual com experiências passadas, orientando-o para uma escolha que o preserve e lhe garanta a sobrevivência.

Para que esses aprendizados sejam retidos na memória de longo prazo, o cérebro depende de circuitos neurais, ou seja, do contato sadio entre os neurônios, o que se chama sinapses. O que é uma sinapse sadia? Recentes descobertas mostram que a gravação de uma informação na memória depende de neurônios fortalecidos por proteínas, que, por sua vez, contam com o encaixe certo de genes específicos nos neurônios encarregados de manter a memória consolidada.

Preste atenção. O estresse do dia a dia pode afetar o hipocampo e, consequentemente, a memória. Você sabe que o estresse é resultado de um círculo vicioso, nutrido por pressão, tensão, medo, raiva, tristeza e outros, de forma contínua e progressiva, dando-lhe a sensação de "meu mundo caiu" e "sem saída". Assim, se você se deixa ser dominado pela impotência e por sentimentos negativos, seu sistema límbico manda mensagens negativas para todo o organismo através de circuitos neurais. O cérebro e o organismo entendem que a vida é ruim e, por isso, devem sofrer e adoecer por não se adaptarem às condições. Ter emoções negativas, porém, é inevitável e faz parte do conteúdo emocional do ser humano. O problema é permitir sua permanência por tempo indeterminado, amargurando a vida e não usando todas as áreas do cérebro para bem administrá-las.

Ao experimentar a emoção da raiva, o corpo é, de imediato, acionado para o ataque. O sistema límbico envia sinais ao hipotálamo, que se localiza na parte reptiliana do cérebro, e que por sua vez alimenta o tronco encefálico e provoca a ativação do sistema nervoso simpático e adrenalina. O hipotálamo também possui íntima vinculação com a hipófise — nossa glândula hormonal suprema — que controla o nível dos hormônios. Através da hipófise, produz os hormônios ACTH, avisando à glândula suprarrenal que é preciso reagir diante da ameaça em forma de raiva. A glândula suprarrenal produz o cortisol e estimula o córtex cerebral a vasculhar a memória de trabalho, informações gravadas no consciente, para enxergar o perigo.

Paralelamente, o sistema límbico cuida ainda para que nosso modo de expressão se conduza de acordo com a emoção vivida: o sentimento manifesta-se tanto no tom de voz como na mímica e nos gestos.

Além da liberação dos hormônios do estresse, a pele fica arrepiada, aumentam a pressão arterial e os batimentos cardíacos, melhorando a irrigação dos órgãos. Com isso, nosso metabolismo adapta-se à situação causadora da irritação, preparando a pessoa para fugir ou atacar. Veja que nosso organismo foi dotado de um complexo mecanismo fisiológico capaz de promover transformações diante de situações novas e que exigem adaptação.

É por meio do sistema límbico que "sentimos" o mundo exterior. Os bichinhos de estimação, como o cão e o gato, relacionam-se com seus donos principalmente através de seu sistema límbico. Quando são ameaçados, mostram os dentes, latem e rosnam, como se dissessem que a área reptiliana do cérebro entrou em ação.

Você pode estar pensando: "A função do sistema límbico é dar significado e sabor à vida, porém, se eu me deixar ser dominado por ele, posso perder o sentido da vida." Como administrar o sistema límbico a meu favor? Entendendo o papel do córtex cerebral e fazendo o melhor uso de suas funções. Vamos a ele.

Córtex cerebral

No plano superior desse modelo simplificado do cérebro, está o córtex cerebral (Figura 3.6).

A palavra córtex vem do latim e significa "casca", isto porque é a camada mais externa do cérebro.

É a morada do pensamento e contém os centros que reúnem e compreendem o que os sentidos audição, visão, fala, olfato e tato percebem.

As suas funções são os movimentos voluntários e as funções superiores, como: abstração, atenção, memória, raciocínio, linguagem, prospecção, planejamento, análise de custo-benefício, tomada de decisão, estratégia, modificação de ação, interação social, percepção do eu, percepção do outro e percepção de fatos, entre outras funções, capacitando-nos a ter consciência dos nossos sentimentos, pela análise racional desses sentimentos. Isso significa que o córtex cerebral permite que pensemos numa emoção originada do sistema límbico, produzindo assim, um sentimento. O córtex cerebral nos permite também ter sentimentos sobre ideias, símbolos e imagens.

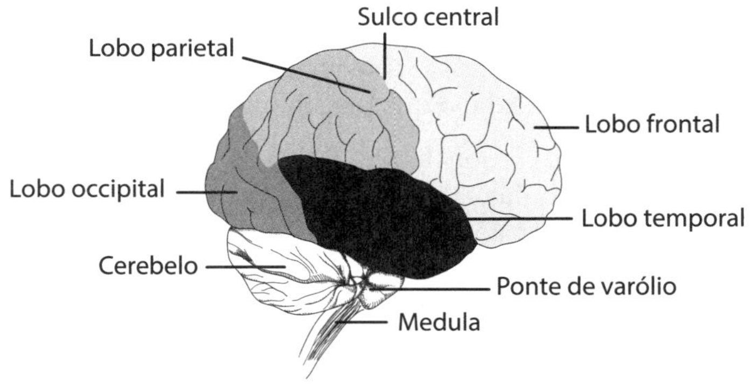

Figura 3.6 — As quatro áreas sensoriais chamadas de lobo localizadas no córtex cerebral

É através do córtex cerebral que criamos estratégias e planejamos a longo prazo; analisamos os custos e benefícios de situações que vivemos e escolhemos o que queremos; analisamos nossos próprios sentimentos, pensamentos, crenças e comportamentos e modificamos nossas ações indesejáveis.

Assim, esta área superior do cérebro executa duas atividades principais: (1) Recebe e produz informação sensorial e (2) Coordena os dados sensoriais e as funções motoras, interpretando a informação recebida.

O córtex cerebral está dividido em dois hemisférios: direito e esquerdo.

Existem diferenças de funções, quando se consideram os hemisférios direito e esquerdo, mas boa parte das funções não declarativas e inconscientes é responsabilidade do hemisfério direito; já as conscientes e que podem ser expressas pela escrita ou pela fala são funções primordiais do hemisfério cerebral esquerdo.

Em cada hemisfério, existem quatro áreas sensoriais chamadas de lobos, quais são:

- LOBO TEMPORAL — é através dessa área, localizada na altura dos ouvidos, que nós podemos perceber sons, reconhecer rostos, interpretar imagens e criar memórias de eventos passados.
- LOBO PARIETAL — é através dessa área, localizada na parte superior do córtex, que podemos ter sensações do toque, da dor e da temperatura do corpo, além de nos localizar no espaço.

- LOBO OCCIPITAL — esta área, localizada na altura da nuca, nos permite receber e processar informação visual e transportar o que vemos para a nossa fala, o que possibilita a capacidade da leitura.
- LOBO FRONTAL — localizada na parte frontal do córtex, logo atrás do globo ocular, além de ser a área do pensamento, pode ser chamada de juiz do cérebro, pois resolve problemas, faz julgamentos morais, controla os impulsos e guarda memória emotiva de longo prazo.

  Também recebe informações de todo o corpo para planejar, controlar e executar movimentos voluntários.

  Isso significa que uma lesão ou diminuição na atividade neural no lobo frontal pode provocar uma paralisia total ou parcial, levando uma pessoa à incapacidade de organizar movimentos e de seguir uma sequência correta dos movimentos necessários para uma ação ou uma atividade.

Em resumo, essa parte do cérebro governa os movimentos voluntários, processa conscientemente os estímulos sensoriais e é a responsável por processos cognitivos complexos, que nos capacitam vivenciar e tornar as emoções mais conscientes, por meio do lobo frontal — a porção anterior do córtex. Assim, em vez de lançar as emoções para a inconsciência, podemos focar nossa atenção para elas, através do lobo frontal, analisá-las e nomeá-las, tomando consciência de qual emoção está presente.

Saiba, porém, que o funcionamento do córtex cerebral somente será saudável, se estiver em sintonia com o sistema límbico e com o cérebro reptiliano. Há muita gente que acredita que, se usar somente o racional (córtex cerebral), estará no controle da situação. Esse é um engano, pois essa afirmação desconsidera as emoções que estão no sistema límbico e, ao não levar em conta o conteúdo emocional, a pessoa cairá na armadilha da distorção da realidade. Daí a importância de uma comunicação livre e assertiva entre as três áreas do cérebro, possibilitando um entendimento claro das reações instintivas, das emoções "positivas e negativas" à luz da cognição, ou seja, do conhecimento.

Essa comunicação interna pode ser ineficaz quando partimos de crenças irracionais e cometemos erros na distorção do pensamento.

Se usarmos uma comunicação interna baseada no engano e na mentira, nosso cérebro acreditará e fatalmente criaremos mecanismos de defesa para nos enganarmos, tirando-nos qualquer possibilidade de alcançar uma saúde comportamental, física, emocional e mental com circuitos neurais saudáveis.

REFLEXÕES

Como você usa o cérebro?

- Reflita sobre situações que têm lhe provocado incômodo e que, se não forem resolvidas, podem vir a acionar o gatilho do medo, da raiva e, por que não com o tempo, gerar uma tristeza profunda.

____

____

____

____

- Identifique como as três áreas do seu cérebro têm atuado e influenciado nas suas emoções e seus comportamentos.

____

____

____

____

O PAPEL DO CÓRTEX CEREBRAL NA GESTÃO DAS EMOÇÕES

Ficar à mercê das paixões ou usar o córtex cerebral? Se você optar pelo ataque ou pela fuga à ofensa, o comando está nas mãos do sistema límbico. Depois, porém, com o auxílio do córtex cerebral, você poderá analisar o custo-benefício e definir como vai lidar com essa raiva, pois é o córtex cerebral que governa suas reações emocionais.

Um dos grandes neurocientistas, o nosso já conhecido Richard Davidson, em sua pesquisa na neurociência afetiva, demonstrou que é nas regiões dedicadas ao raciocínio elevado que se encontra a chave para o gerenciamento das emoções, através de alterações nos circuitos cerebrais advindos do sistema límbico e de outras regiões do cérebro.

O Nosso Querido Pré-Frontal

O pré-frontal, também considerado a sede da personalidade e a mente consciente, na sua função executiva, é hábil em diferenciar pensamentos conflitantes, analisar os custos e benefícios de uma escolha de decisão e prever consequências futuras, o que possibilita a proatividade para planejar ações que antecipem problemas.

O pré-frontal se localiza no lobo frontal e ocupa uma pequena parte do cérebro, porém, quando ativado, utiliza muita energia do cérebro. Possui uma memória de curto prazo de armazenamento e suficiente para cumprir sua função executiva.

O pré-frontal tem um papel fundamental na gestão emocional, pois modula a energia límbica e pode criar comportamentos adaptativos adequados ao ambiente/situação, na tomada da consciência das emoções.

Mas, essa modulação do comportamento emocional não acontece na ausência da ativação do *córtex pré-frontal*, pois as emoções ficam fora de controle, são exageradas e persistem após cessar o estímulo que as provocou. Por outro lado, o sistema límbico através do hipotálamo, pode exercer um efeito supressor ou inibidor sobre o córtex cerebral, inibindo momentaneamente a cognição e até o tônus muscular tônico, como se observa nas fortes excitações emocionais. É o chamado "sequestro das amígdalas", ou seja, a pessoa age emocionalmente, através do pensamento rápido e automático. Depois da ação, é comum ouvir pessoas dizerem "agi sem pensar", ou seja, não conseguiu acessar o pré-frontal, área do pensamento devagar, reflexivo e analítico, que lhe permite fazer escolhas conscientes.

PAPEL DO PRÉ-FRONTAL

O pré-frontal localiza-se no lobo frontal do córtex cerebral, sendo o responsável pelo processamento inteligente das emoções.

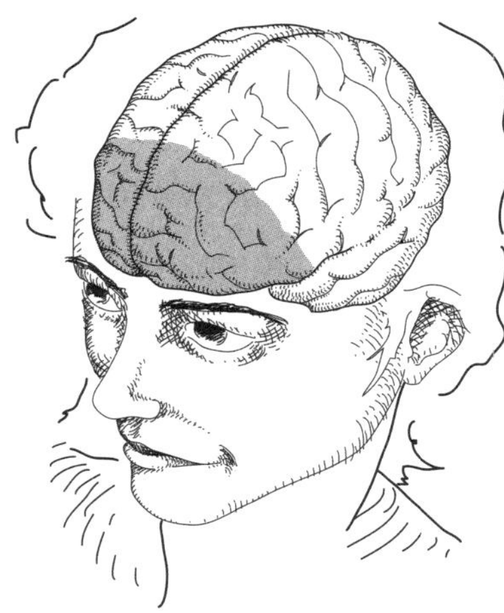

Figura 3.7 — Região pré-frontal nos dois hemisférios do cérebro: esquerdo e direito

Emoções negativas, quando processadas de forma responsável e madura, criam bons pensamentos, ativando a área **pré-frontal** do cérebro e, dessa forma, são resolvidas de forma positiva. Você se sentirá bem e confortável, com a sensação de liberdade emocional.

Se sua reação raivosa ficar somente à mercê do sistema límbico, diminui a atividade neural no pré-frontal e seu hipotálamo avisa suas glândulas adrenais para secretarem hormônios e neurotransmissores que alimentam o estresse. O pensamento raivoso não analisado e não processado adequadamente pelo pré-frontal, normalmente gera significados destrutivos, mobilizando comportamentos disfuncionais e, regado por sentimentos negativos, comandará seu comportamento.

Neuroplasticidade

Fique tranquilo, pois todas as áreas do seu cérebro podem ser modificadas. Lembra da neuroplasticidade? Seu cérebro tem uma plasticidade que permite transformações estruturais e que ajuda você a melhorar suas habilidades emocionais e comportamentais, por consequência.

Sim, você pode mudar, criar caminhos com novas sinapses e assim alterar seu mapa mental. Significa que, com o auxílio do córtex cerebral, mais especificamente o lobo frontal, você pode mudar o rumo negativo das emoções negativas, alterar o circuito delas com a criação de novas redes neurais e alimentar a comunicação sináptica existente entre seus neurônios com conteúdos construtivos. À essa ação de colocar o sistema límbico e o lobo frontal em comunicação, vamos chamar de processo da avaliação cognitiva da emoção.

Cognição significa conhecimento e **avaliação cognitiva** é o poder que temos de, através da ativação do pré-frontal situado no lobo frontal, tomar consciência das nossas emoções, analisá-las e saber o porquê e o que estamos sentindo.

Veja como trazer a emoção à consciência, através da avaliação cognitiva.

Avaliação cognitiva

Vejo você com uma arma na mão e imediatamente sinto a emoção medo (amígdala).

1 - Em seguida, busco na memória uma experiência similar (hipocampo).

2 - Raciocino e me lembro de que é uma arma de brinquedo; automaticamente meu medo diminui até sumir definitivamente (córtex cerebral).

Perceba que a avaliação cognitiva é vital para controlarmos nossas emoções e, se bem utilizada, é a chave da conquista do equilíbrio emocional.

Como você pode colocar esse conhecimento a seu serviço para ter melhores resultados profissionais?

Existem pessoas que acreditam que o perigo vive à espreita e que, a qualquer momento, o inimigo pode atacar. Você pode reconhecer que aquelas que reagem com um comportamento raivoso, estilo "bateu, levou", são pessoas instintivas e impulsivas, ou seja, para elas, toda ação determina um tipo de reação e nada existe que possa mudar o resultado.

É isso mesmo. Essas pessoas estão sendo dominadas pelo sistema límbico e conduzidas pelo cérebro reptiliano, o cérebro mais primitivo do homem. Pode ser que o perigo seja real e ficar alerta é bom, mas existem estratégias mais eficazes para lidar com o conflito, definidas pelo córtex cerebral.

Da mesma forma, existem aquelas pessoas que se sentem acuadas, que são mais precavidas e que acreditam que engolir a raiva é mais adequado para manter seu emprego, por exemplo, e sua autoimagem. Dessa forma, recuam e renegam seu direito de se posicionar, preferindo ser dominadas pelo sistema límbico e o reptiliano dando o tom da reação.

Existem pessoas que, ao sentir medo, ponderam a situação e os sentimentos envolvidos, analisam os custos e benefícios das escolhas que podem fazer e, depois de uma avaliação cognitiva, que pode durar segundos, planejam estratégias para uma boa decisão. Você gostou dessa alternativa? Parece-lhe ser a alternativa mais inteligente? Sabe por quê? Porque essas pessoas estabelecem uma comunicação saudável entre os três planos do cérebro e no comando está o córtex cerebral, conduzindo com maestria o sistema límbico e o cérebro reptiliano e extraindo o melhor de cada um.

Analise, agora, o que faz bem para sua saúde.

Ao contrário da raiva, o amor, a amizade, a gratidão, o carinho e as manifestações de afeto provocam bem-estar emocional, relaxam o corpo e fortalecem o sistema nervoso porque contribuem para o aumento de hormônios antienvelhecedores NGF.

Quando você está com medo ou raiva, é bom chorar para aliviar a tensão. Pesquisadores comprovaram que as lágrimas eliminam substâncias químicas próprias do estresse e ajudam a baixar a pressão sanguínea e a pulsação, além de facilitar a emissão de padrões de ondas cerebrais mais sincronizadas.

Quando você é tomado pela sensação agradável da carícia, amizade e gratidão, é sinal de que seu organismo está sob a ação do hormônio oxitocina, que faz um bem enorme para a saúde. Segundo estudiosos das relações entre as emoções e a saúde física, esse hormônio secretado pelo coração desativa o estresse, ao levar o sistema nervoso a relaxar, e aumenta significativamente a oxigenação dos tecidos, bem como a capacidade de cura.

REFLEXÕES

1 - Como você avalia a qualidade do uso do seu pré-frontal?

____

____

____

2 - Em quais situações você tem utilizado seu pré-frontal?

____

____

____

3 - O que você acredita que pode fazer para ter um pré-frontal mais atuante?

____

____

____

4 - Como essas ações fortalecerão seu estilo emocional?

____

____

____

Bem, agora já conhecemos como se processam as emoções negativas e positivas em nosso cérebro. Podemos ir em frente com a análise do ciclo das emoções negativas. Vamos entender como interferir no ciclo e acalmar nosso sistema límbico, de forma a redirecionar as energias no cérebro, através de um novo e produtivo circuito neural, possibilitando assim uma escolha consciente de um estilo emocional maduro, expresso por um comportamento assertivo.

CAPÍTULO 4

O CICLO DAS EMOÇÕES NEGATIVAS: ENTENDA COMO FUNCIONA O SEU EMOCIONAL

Quando uma emoção negativa é acionada, o cérebro e todo o organismo entram em conexão e reagem a um acontecimento desagradável. Isso, você pode observar nas fases do ciclo apresentadas a seguir:

AS FASES DO CICLO DAS EMOÇÕES NEGATIVAS

Para efeito didático e melhor entendermos o processo, dividimos em cinco fases (Figura 4.1) a ocorrência da emoção negativa, desde o estímulo interno do sistema límbico até a sua expressão externa, através do comportamento.

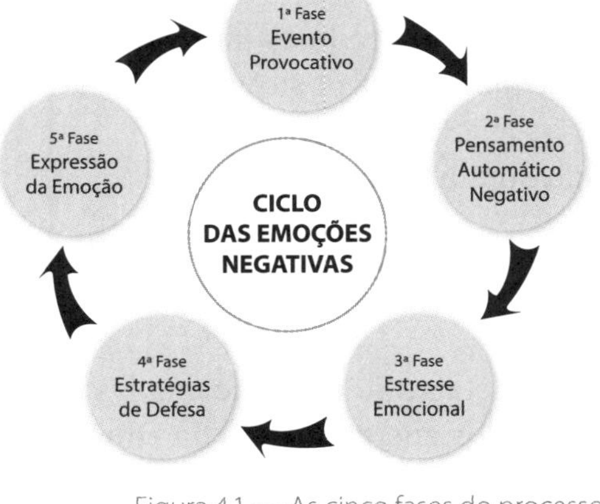

Figura 4.1 — As cinco fases do processo da emoção negativa

1ª fase: Acontece um evento

O evento é provocativo? Não é provocativo?

Tudo dependerá das crenças e das experiências acumuladas sobre situações semelhantes registradas na memória emocional, que vão delinear o modelo mental.

Vamos criar uma situação que pode ser provocativa para uns e não provocativa para outros.

Imagine uma reunião na empresa, para a qual você não tenha sido convidado. Você ficou sabendo que seu gestor estava presente e que tomou decisões no projeto em que você trabalha.

Como se sente e percebe o evento: normal ou ameaçador?

Nesse momento, a percepção do evento passa pelo filtro das crenças que moldam o modelo mental: "se ele se esqueceu de mim, é porque não sou competente, não sou mais importante e assim ele quer me excluir".

Conforme disse Peter Senge, "modelos mentais são pressupostos profundamente arraigados, generalizações, imagens ou histórias que influenciam nossa maneira de compreender o mundo e de nele agir".

São os modelos mentais de cada pessoa que definem de que modo perceberá o que está acontecendo à sua volta, como se sentirá com o evento, como pensa e, finalmente, como agirá.

Segundo o pai da psicologia cognitiva comportamental, Aaron Beck, o ser humano tem, como norteadores dos comportamentos, três esquemas de crenças, que podem ser positivos ou negativos:

- Sou adequado/Sou inadequado
- Sou amado/Não sou amado
- Sou competente/Sou incompetente

Essas crenças essenciais vão sendo formadas e alimentadas durante toda a vida, por meio dos ensinamentos da educação e de experiências vivenciadas, norteando o modo de perceber o mundo e de agir sobre ele. Tais crenças influenciam, inclusive, o funcionamento do nosso cérebro, tanto no sistema emocional como no racional; ou seja, impactam diretamente os pensamentos e emoções que sentimos. A forma de agir de uma pessoa é resultado disso tudo.

Daí a importância do autoconhecimento para entender como funciona um modelo mental, quais as crenças que estão determinando a forma de ser e agir, o que está ajudando ou atrapalhando sua vida. O significado que atribuímos ao que vivemos impacta diretamente a forma como nos apropriamos das experiências.

Como esses pensamentos vão influenciar o funcionamento do seu cérebro? Simultaneamente a isso, o que acontece no cérebro?

a - Quando um evento acontece, a amígdala cerebral, que é o radar da percepção e está localizada no sistema límbico, área do cérebro responsável pelas emoções, faz uma consulta ao hipocampo.

b - Responsável pela memória de curto prazo, o hipocampo, outra estrutura do sistema límbico, avalia qual é a crença presente na memória e que vai determinar se o evento é ou não uma ameaça e, por conseguinte, qual emoção será estimulada: tristeza, medo, raiva ou alegria?

c - Se o hipocampo constatar que não existe ameaça, automaticamente o nível dos hormônios do *estresse* reduz e o corpo entra em relaxamento. O pensamento positivo é estimulado no córtex pré-frontal, porque a sensação é de conforto e prazer. Ou seja, se a crença que permeia seu modelo mental diz que não há perigo, o ciclo se encerra.

d - Se, porém, o hipocampo constata que há riscos de perigo, o sistema límbico confirma ao reptiliano que deve reagir, ao mesmo tempo em que manda informações para o córtex pré-frontal, determinando qual pensamento negativo terá predominância, porque a sensação é de desconforto. Ao mesmo tempo, prepara o corpo para se defender, aumentando o nível de adrenalina e cortisol, hormônios do estresse. Percebe-se o estresse pelas reações fisiológicas, como tremor, face pálida ou vermelha, aceleração dos batimentos do coração, o sangue fervendo nas veias — dependendo, é claro, da emoção sentida.

Esse é o circuito da emoção negativa dentro do cérebro. O pensamento automático negativo surge, a partir do momento em que esse circuito se torna consciente.

e - Você se sentiu desconfortável repentinamente e seu corpo foi tomado por uma sensação de torpor. O que está acontecendo? Você ainda não tem consciência do circuito do medo em andamento. Apenas sente uma ameaça no ar e um desconforto. Nesse momento, seu cérebro liga o sistema de alerta, avisando o pré-frontal do perigo. Estimulado pela ativação dos hormônios do estresse, o pré-frontal foca sua atenção na vigília do ambiente ameaçador. Assim, instala-se o pensamento negativo e todo um mecanismo de defesa. Aparece o primeiro pensamento: "Meu chefe me sacaneou. Ele está me traindo e me excluindo."

2ª fase: Pensamentos negativos são desenvolvidos automaticamente. Os pensamentos residem na área racional do cérebro e são resultado das crenças que moldam nosso modelo mental

Muito bem. Se você percebeu o evento como provocação, o processo continua e seu límbico, área das emoções, totalmente ativado por uma emoção negativa, comunica-se diretamente com o pré-frontal, nutrindo-o de pensamentos negativos, que vão guiar o comportamento defensivo a ser usado naquela situação.

Você ainda tem um pouco de tempo para fazer uma avaliação cognitiva e mudar o rumo do ciclo. É o momento de ativar o pré-frontal. É ai que se situa o livre arbítrio. São segundos em que você fará escolhas conscientes e decidirá se vai agir movido pela emoção ou se usará o "**freio emocional**"; ou seja, vai trazer a emoção ao consciente, dar uma freada, pensar sobre o tipo de reação emocional presente e seus impactos, escolhendo assim uma ação madura e responsável para expressar a emoção. Caso o "**freio emocional**" não funcione, você construirá circuitos com conteúdos negativos em seu mapa mental, o que resultará em mais pensamentos negativos, que reforçarão uma reação emotiva, podendo ser: um ataque de fúria, uma crise de ciúme, uma intensa ansiedade ou mesmo uma prostração que beire à depressão. O "freio" não funcionou? O cérebro deu continuidade ao processo.

Exemplo: "Meu gestor está me boicotando, porque quer se vingar de mim. Ontem, cheguei atrasado e agora está dando o troco. Ele nem sabe que sofri um acidente, pois, afinal, ele não se sensibiliza com os problemas das pessoas."

Se você não avaliar e não mudar seu pensamento automático negativo, o ciclo continuará e virá a fase seguinte.

3ª fase: Com um emocional ativado, o estresse aumenta e as emoções medo e raiva se misturam, alimentadas por outros pensamentos negativos

À medida que o sistema límbico (área do emocional) fica mais e mais ativado pelas emoções negativas, novos circuitos neurais com informações negativas vão sendo reforçados em seu mapa mental, nutrindo seu cérebro de outros pensamentos ruins e estressantes. Resultado: seu pré-frontal está fora do jogo.

Exemplo: Você sente medo de ser excluído pelo chefe e, simultaneamente, sente raiva por ele ter cometido essa traição. Aí pensa: "se ele acha que vai me inibir e pressionar com esse comportamento, está enganado!".

Se não usar alguma técnica de controle emocional, você irá para a fase seguinte.

4ª fase: Escolhe-se o comportamento de defesa

O medo e a raiva não controlados estimulam uma série de sensações, como frustração, insegurança, ansiedade, irritação, desprezo etc., que alimentarão mais pensamentos e comportamentos destrutivos. Daí para frente, seu comportamento será baseado em intenções defensivas. Você foi contaminado pelas emoções destrutivas e, às vezes, baseando-se em uma realidade distorcida.

Exemplo: "A partir de agora, não darei mais informações para ajudar meu chefe. Gostaria de ser assertivo, mas, com esse modelo de chefe, só sendo 'político e bajulador'. Assim, ele fica feliz e não me persegue mais."

Se você não usou nenhuma técnica de gestão emocional, fatalmente seu comportamento será defensivo e as seis dimensões do seu estilo emocional estarão comprometidas.

5ª FASE: EXPRESSÃO DA EMOÇÃO

O reptiliano entra em ação e reage automaticamente. Se a emoção não for expressa sob o comando do racional, dois caminhos são possíveis: ou você vai tentar reter a emoção dentro de si, ou vai despejá-la de maneira inadequada, ridicularizando, esbravejando, culpando o outro, criticando e agredindo.

Exemplo: "Bem, ele é chefe e tem mais poder que eu, ele pode me demitir e isso eu não quero agora. Quando chegar o momento certo, eu mesmo 'detono' a imagem dele."

Quando a raiva não é expressa, evidentemente essa energia fica guardada dentro de você, transformando-se em mágoa. Toda vez que algo lhe lembrar o evento ocorrido, o ciclo será iniciado novamente e os pensamentos negativos virão à tona. Quanto mais esse ciclo se repetir, mais intensa ficará sua raiva, assim como sua manifestação, podendo chegar à ira e ao ódio. Para não ter contato com a dor emocional, o cérebro é hábil em construir estratégias de defesa.

COMO CRIAMOS NOSSAS ESTRATÉGIAS DEFENSIVAS

Em nossos relacionamentos cotidianos, podemos constatar que são poucas as pessoas que se sentem livres para expressar o que está dentro delas. Pessoas mal resolvidas nas suas necessidades emocionais buscarão ser amadas a qualquer preço, serem aceitas e reconhecidas pelas suas posses e *status*, não pelas suas qualidades pessoais.

Essas pessoas preferem se proteger por meio de comportamentos defensivos e pagar os custos da relação agressão/submissão. Tudo isso para obter benefícios questionáveis, provenientes dessa relação complementar e simbiótica, cujos papéis são bem definidos, como o dominador que ataca e o dominado que recua.

Essa cumplicidade de papéis, que aprendemos na vida para resolver nossos problemas, reduz o poder de escolha a duas possibilidades de ação nas relações sociais: ou procuramos agradar ao outro, buscando a harmonia e evitando o conflito, ou atacamos o outro, como forma de impor nossos desejos.

Parecem ser essas as formas mais corriqueiras que aprendemos para resolver nossos problemas. Nosso repertório de escolhas diminuído dificultará a livre vazão de nossos desejos, necessidades e opiniões, e a sensação de ameaça se tornará um gatilho de emoções negativas, medo, raiva e tristeza. Isso quer dizer que, quanto mais um profissional utiliza mecanismos de defesa, porque se sente em situação de risco, mais frequentemente será fisgado por essas emoções, reforçando suas vulnerabilidades.

Os problemas crescem e geram situações mal resolvidas e rancorosas entre as pessoas. Pessoas rancorosas lidam com o cotidiano do trabalho ora de forma passiva, ora de forma manipuladora. Quando estão à beira do colapso, tornam-se agressivas e invasivas, construindo relações destrutivas. Pessoas rancorosas são mais vulneráveis emocionalmente e "presas fáceis" nos relacionamentos interpessoais; ou seja, facilmente perdem o controle da situação e acionam o ciclo da emoção negativa.

A passividade, a manipulação e a agressividade são ingredientes típicos de mecanismos de defesa.

O mecanismo de defesa surge quando existe uma ameaça, seja real ou imaginária. Quando é real, a defesa é bem-vinda, mas ela pode aparecer como resultado de divergência dentro do ser humano. Quando a autoimagem não coincide com aquilo que a pessoa acredita ser esperado dela, a sensação de inadequação toma conta de seus pensamentos e sentimentos. Não havendo coerência entre o que ela é e o que deve ser, a pessoa se defronta com o perigo da ameaça à autoimagem. O mecanismo de defesa tem a função de neutralizar essa ameaça, levando a pessoa a uma realidade distorcida para acertar a percepção negativa sobre si mesma.

Esse processo se dá na interação humana. A partir de um evento que estimule pensamentos negativos ao seu respeito, a pessoa, para não ter contato com seu autoconceito também negativo, reage defensivamente e se mantém na pseudossegurança, também chamada de "zona de conforto".

MECANISMO DE DEFESA

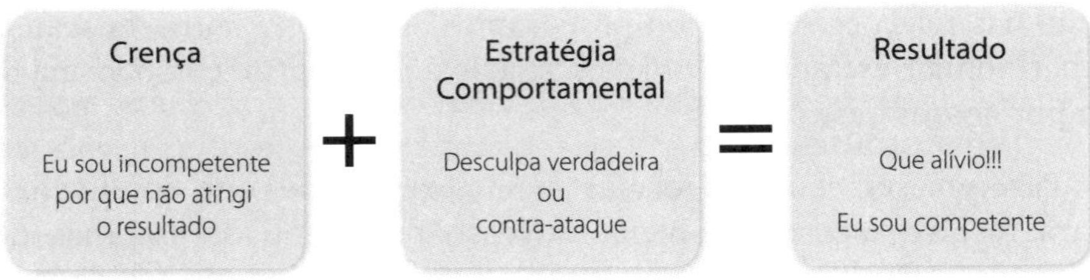

Figura 4.2 — Processo do mecanismo de defesa

Exemplo de mecanismo de defesa: não fiz o trabalho (sou incompetente) + porque você não me deu as orientações adequadas (coloco a culpa no outro e me livro da responsabilidade) = portanto, sou competente, porque não sou responsável pelo erro.

Criamos essas desculpas como uma forma de negar o que vemos e sentimos dentro de nós: inseguranças e fragilidades. Olhar para dentro de si, muitas vezes, provoca "dor emocional". Quem gosta de sentir dores? Por essa razão queremos provar que não somos culpados; ou seja, somos competentes e merecemos ser aceitos e amados.

O objetivo defensivo é corrigir as ações inaceitáveis e, assim, ajustar uma autoimagem de não dignidade para uma de dignidade de amor e aceitação. Buscamos justificativas para poder aplacar nossas dúvidas sobre nós mesmos.

Estratégias compensatórias ou mecanismos de defesa são padrões de comportamento, que ajudam a enfrentar as crenças disfuncionais que colocamos em nossas mentes no decorrer da vida ou a impedir que elas se tornem públicas. Não eliminam o sofrimento, apenas o transferem para outro contexto. De onde vêm essas crenças que desvirtuam o caminho do ser humano? Vêm das experiências vividas na socialização da pessoa e da educação recebida na família e na escola, além das influências do meio em que vive com os valores típicos de cada sociedade.

A socialização é construída pela família, pela escola, pela mídia, pelo ambiente profissional e por outras instituições sociais. Através dessas instituições, a sociedade nos diz o que podemos fazer e não devemos fazer, certo e errado, verdade e mentira, moral e imoral, bem e mal, bom e ruim.

Enfim, são valores e crenças que a sociedade incute na mente das pessoas, servindo como guias na caminhada da vida, definindo, assim, o modelo mental de cada ser humano.

Pesquisas e teorias sobre a maturidade emocional humana mostram que as experiências infantis podem favorecer a criação de crenças favoráveis e desfavoráveis ao ser humano e levá-lo a dizer para si mesmo: "eu não sou amado", "eu não sou competente" e "eu não sou adequado", acreditando de fato nisso. Nas situações mais difíceis da vida, essas crenças se tornam fortes dentro da mente da pessoa, levando-a a adotar mecanismos de defesa ou estratégias de compensação para não sentir a dor do desamor, do abandono, da incompetência.

Exemplos de defesa:

- Beber para se soltar e sentir mais confiança.
- Nunca recusar um pedido ou emitir uma opinião.
- Trabalhar muito para não cometer erros.
- Buscar reconhecimento excessivo ou evitar chamar atenção.
- Evitar confronto ou provocar os outros.
- Controlar as situações ou abdicar do controle necessário.
- Tentar agradar excessivamente aos outros ou se distanciar, agradando só a si próprio.

O FLUXO DO MECANISMO DE DEFESA

Vejamos como as emoções negativas atuam em nosso emocional e como construímos nossas defesas para sobrevivermos nos relacionamentos pessoais e profissionais.

Tudo começa com a ansiedade gerada pelo **medo da dor da perda**. Temos medo da morte, da doença, de ser ferido, do abandono, do fracasso, de deixar as oportunidades escaparem, de ser enganado, do desconhecido e de expor nossas fraquezas.

Medo da dor da perda!

O medo é um inimigo da expressão livre dos pensamentos e sentimentos. Como função de alerta contra o perigo, o medo é uma emoção positiva, ajudando-nos a sobreviver. Contudo, a partir do momento em que passa a interferir na qualidade da autoestima e a conduzir pensamentos irracionais para comportamentos defensivos, passa a ser uma arma apontada para seu ego, uma prisão para sua espontaneidade.

Essa imobilidade psicológica acarreta a ansiedade, aquele aperto no peito que nos causa a autopiedade. Nesse momento, tornamo-nos vítimas de nossas armadilhas.

No ambiente de trabalho, o medo é sentido mais intensamente por aquele que vê o risco de perder o emprego, que acredita ter competências insuficientes. Ao se comparar com seus colegas, experimenta um sentimento de insatisfação pessoal, percebendo-se inferior aos outros. O medo atinge o estágio da angústia naquele que se olha e se vê como alguém que não "faz a diferença" necessária para "ser interessante" aos olhos das pessoas da empresa.

Muitas vezes, para se manter no emprego, a solução é expor sua individualidade o mínimo possível ou usar a máscara da agressividade disfarçada de coragem, pois acredita-se que assim as fragilidades não se tornarão visíveis aos olhos do "inimigo".

É um círculo vicioso: o medo gera insegurança, a insegurança gera o medo de arriscar e de experimentar, que, por sua vez, gera a impotência, aquela sensação de incapacidade que, por fim, culmina na ansiedade.

DOR: Quando a pessoa experimenta uma perda, é tomada pela dor, que, por sua vez, cria desequilíbrio e exige uma reação enérgica, para fora, para eliminar essa dor. Essa reação enérgica se chama **raiva**.

RAIVA: É a sensação de estar ofendido porque alguém ou alguma situação lhe fez um mal. Reprimida, a raiva aumenta a mágoa que a originou, gerando a autopunição. Raiva não expressa pode ser dirigida para dentro e guardada como **culpa**.

Quando encaramos a raiva, podemos administrá-la adequadamente. Se, ao contrário, ao não expressá-la, formos dominados pela sensação de culpa e outras emoções negativas, o caminho direto será o desenvolvimento de **mecanismos de defesa.**

CULPA: É o sentimento de ser indigno, detestando-se a si mesmo.

Se essa culpa não for logo aliviada pela aceitação da raiva inicial, ela se volta contra a própria pessoa. Uma pessoa com o sentimento de culpa não se considera digna de aceitar o que os outros lhe dão e, assim, não se sente realizada e não pode retribuir. Se a culpa se aprofunda, a pessoa se sente triste, podendo ser acometida pela **depressão.**

DEPRESSÃO: É o estado emocional de infelicidade e melancolia. Ocorre quando a raiva se transforma em rancor. Uma pessoa rancorosa não consegue se sentir feliz e a infelicidade por longo tempo induz à perda do contato com o motivo da mágoa e, a partir daí, não se consegue identificar a razão de sua depressão. A depressão extermina a energia e destrói a pessoa.

Por que as pessoas desenvolvem esses mecanismos de defesa e passam pela vida usando-os como meio de sobrevivência? Crenças irracionais, que dominam seu modelo mental, e distorções cognitivas, que afetam seus pensamentos.

Por exemplo: um erro cognitivo é a exigência de ser perfeito, de acertar e saber tudo, de corresponder totalmente às expectativas do meio ambiente e de si mesmo.

Não aceitamos as imperfeições humanas como normais. Fugimos da dor e, quando há ameaça de dano emocional, nossa reação é evitá-la. É por isso que construímos as defesas, as couraças, as máscaras, com as quais disfarçamos nossos verdadeiros sentimentos. Mentimos para nós mesmos.

Quanto menos houver a aceitação das próprias fraquezas e fortalezas, maior a possibilidade de usarmos os mecanismos de defesa, pois sentimos medo de não sermos amados, de não sermos competentes, de não sermos adequados.

Defesas consomem energia. Se forem grandes, fortes e frequentes, nossa energia será exaurida e nada sobrará para enfrentarmos e resolvermos as dores, frustrações e perdas normais da vida. Isso porque a energia consumida pelas defesas vai para a construção e manutenção de uma barreira da realidade.

É preciso encontrar o equilíbrio entre a dor e a defesa — se você foge da dor, ela não se acaba nunca e vai persegui-lo sempre, consumindo toda a sua energia e reforçando o circuito cerebral que gera o pensamento negativo. Se você usa sua energia para viver o sentimento da perda, a dor vai embora definitivamente. O circuito da recompensa é ativado e você se sentirá melhor.

As pessoas aprendem, durante o processo de amadurecimento, o que não devem perceber conscientemente; aprendem a alterar e restringir suas percepções, a se defender contra sentimentos ou tabus indesejáveis, contra os impulsos e as lembranças que provocam ansiedade. A esse processo se dá o nome de **defesas perceptivas**, que são mecanismos automaticamente acionados, sem controle consciente da pessoa, para subordinar informações não desejadas ao inconsciente. Elas servem também para permitir que nos concentremos no que estamos fazendo em determinado momento. Esse é o benefício das defesas.

O prejuízo maior é quando as defesas perceptivas são acionadas como mecanismo de inibição e distorção da realidade. As defesas alteram nossa visão de nós mesmos, de nossas motivações e dos relacionamentos humanos.

O uso intenso das defesas torna as pessoas vulneráveis à manipulação. O manipulador percebe esse ponto fraco da pessoa defensiva e diz o que ela quer ouvir, sentir ou ver.

As defesas amortecem a dor, protegendo-nos de nossa consciência, e assim funcionamos diante do perigo ou da perda.

Fique atento, porém, porque as mesmas defesas que ocultam a dor também impedem que ela seja resolvida. A solução é aceitar que você é vulnerável e sentir a dor. Verá que a dor vai embora definitivamente.

O equilíbrio emocional só é possível, quando a pessoa desenvolve autoconsciência e autoconhecimento suficientemente satisfatórios para entender a dinâmica interna de seu eu e identificar claramente as origens de suas emoções destrutivas. É com autoconsciência e disciplina que o estilo emocional alcançará seu equilíbrio e potência máxima.

Aproprie-se de suas emoções e equilibre seu estilo emocional!

Ao assumir total responsabilidade por suas emoções, você poderá usá-las a seu favor, transformando-as em ações construtivas para seus relacionamentos, encarando-as e utilizando o conteúdo de seu pensamento na primeira pessoa do singular: EU me irrito, eu sinto medo, eu me sinto triste, eu tenho o direito de me sentir feliz.

Você ganha vários benefícios ao administrar eficazmente seus medos, sua raiva, suas decepções e tristeza. O grande ganho é você sentir-se seguro, confiante, competente, adequado e firme nas suas relações sociais.

Como resultado de uma ação responsável na administração das suas emoções, você ganha saúde, energia, qualidade de vida, autoestima, satisfação, orgulho de si e, principalmente, percepção lúcida da realidade, ponto essencial para tornar sua postura coerente, madura e com total controle emocional.

Os pensamentos que reforçam as emoções negativas são os mesmos que direcionam nossas ações. Dessa forma, podemos concluir que pensamento, emoção e comportamento estão intimamente interligados, em total influência recíproca.

Como gerenciar o ciclo das emoções?

- Interferindo nas crenças que geram as emoções negativas e comportamentos disfuncionais, utilizando técnicas de ressignificação desses pensamentos negativos automáticos que aparecem em nossa mente consciente, sem o nosso controle. Ou seja: fazendo uma avaliação cognitiva do pensamento negativo, buscando sempre a solução e não a explicação do problema.
- Interferindo nos comportamentos disfuncionais, substituindo-os por padrões de comportamento adequados à situação e que demonstrem maturidade e responsabilidade.
- Interferindo na comunicação, que é a expressão dos nossos pensamentos e emoções, adotando um estilo de comunicação assertiva.

Nos próximos capítulos, vamos analisar esses três aspectos determinantes para criar um jeito de ser: Crenças Determinantes do Modelo Mental, Padrões de Comportamentos e Estilos de Comunicação.

REFLEXÕES

1 - Em quais situações você aciona suas defesas e engatilha o ciclo de emoções negativas: medo, raiva e tristeza?

____

____

____

2 - O que você pretende fazer com os resultados dessa reflexão para equilibrar mais e mais seu estilo emocional, trazendo mais felicidade para sua vida?

____

____

____

____

CAPÍTULO 5

VOCÊ É O QUE VOCÊ PENSA: CRENÇAS QUE NORTEIAM SUA VIDA

Você deve ter feito uma análise de seu estilo emocional, identificado suas forças e fraquezas emocionais. Já deve ter refletido sobre alternativas de fortalecimento para adquirir bem-estar e uma qualidade de vida melhor. Viu também o papel determinante do pré-frontal no comando do emocional. Refletiu sobre suas estratégias na gestão do seu emocional.

Ao se lembrar do passado, você pode ter sentido tristeza ou uma raiva vingativa ao trazer à mente lembranças de eventos desagradáveis que o chateiam até o presente momento. Essas emoções que vieram junto com as lembranças são inteiramente determinadas pelas ideias que você tem do passado, demonstrando a estreita relação entre pensamento e emoção.

Exercitar o perdão pode libertar esses pensamentos da prisão das lembranças do passado, dando lugar às novas crenças e pensamentos mais positivos. Isso significa que não é verdade que o passado é determinante e definitivo para viver daqui para frente, pois cada um de nós é responsável pela qualidade do seu modelo mental. Assim, convido o leitor a compreender e analisar os ingredientes mais determinantes do seu modelo mental.

É interessante entender que **as crenças e os valores** que apreendemos em nossa memória quando crianças se tornam os guias de nossa existência e lentes de nossa percepção da realidade, determinando a qualidade de nosso estado mental. Daí a importância de revisão constante dos paradigmas, que são crenças padronizadas e consideradas verdades absolutas em uma sociedade.

O QUE É MODELO MENTAL?

Como já vimos, de acordo com Peter Senge, modelos mentais são pressupostos profundamente enraizados, generalizações ou mesmo fotos ou imagens que influenciam o modo como entendemos o mundo e como devemos agir. Modelos mentais referem-se à maneira com que utilizamos conhecimentos já adquiridos para avaliar e tomar decisões. Isso quer dizer que você pode melhorar sua visão da realidade e não se deixar ser fisgado pela raiva inútil e desnecessária, revendo, avaliando e realinhando seu modelo mental.

Segundo o Dr. Martin Seligman, pesquisas mostram que pessoas felizes são mais hábeis do que as infelizes para tomar decisões. A pessoa feliz confia nas experiências positivas do passado e a infeliz é mais descrente. Uma mente positiva nos induz a um modo de pensar completamente diferente de uma mente negativa. Há um crescimento intelectual.

E onde estão nossas crenças?

Nossas crenças estão armazenadas em todo nosso cérebro, cabendo ao hipocampo acessar essas memórias para nos dizer se são boas ou ruins, amigas ou inimigas, e assim nos ajudar na tomada de decisões em nossas ações. Essas crenças ao serem ativadas, nos informam como devemos pensar, de forma positiva ou negativa.

- A mente negativa é ativada por crenças que se concentram no erro e em sua eliminação. Esse modo de pensar se instala no cérebro, atuando como inibidor do comportamento, bloqueando a coragem de correr riscos e tornando a pessoa mais ansiosa e medrosa, pois sua energia fica totalmente canalizada para visualizar ameaças, ocupando a mente consciente com um estado de vigília ampliada para identificar os riscos e ameaças do ambiente interno e externo. Por um lado, esta área nos mobiliza para uma ação preventiva, o que é positivo para enfrentar situações de risco. Por outro lado, esta área ativada com pensamentos negativos pode levar a pessoa à perda do foco, perda de energia positiva e perda de motivação.
- A mente positiva, ao contrário, é ativada por um modelo mental criativo, tolerante, construtivo, generoso e desarmado. Esse modelo mental visa a detectar não o que está errado, mas o que pode dar certo; visa a aperfeiçoar as virtudes da confiança, e não buscar

falhas por omissão. Esse modo de pensar se instala no cérebro e apresenta uma neuroquímica diferente do modo de pensar sob estado negativo.

- O pensamento positivo ativa a energia proveniente dos hormônios e neurotransmissores necessários para o enfrentamento de obstáculos, esforço e determinação. Quando o objetivo é atingido, a pessoa sente boas sensações de recompensa e prazer. Usar o pré-frontal para criar uma visao de futuro positiva ajuda a instalar bons pensamentos e emoções positivas.

As mensagens registradas no cérebro, vindas do mundo exterior, se por um lado contribuem para a segurança na tomada de decisões, por outro podem enrijecer a mente e canalizar a percepção para um olhar pequeno e restrito da realidade, tornando suas decisões medíocres e preconceituosas. A revisão constante do modelo mental que usamos na tomada de decisões é saudável, na medida em que novas informações poderão gerar novos conhecimentos, que, por sua vez, poderão gerar novos paradigmas, pensamentos e repertórios de respostas mais adequados às demandas do mundo moderno.

O pensamento se concretiza quando as mensagens vindas do modelo mental se tornam conscientes diante de uma situação. Esse mesmo pensamento vai produzir conteúdos avaliativos sobre o interlocutor e sobre a situação, o que impacta diretamente na expressão do comportamento.

Olhando para um ser humano, é fácil identificar o comportamento, o que não acontece com as crenças submersas nas profundezas do nosso eu e não são visíveis a olho nu. Porém, com foco e atenção, percebemos que o comportamento está evidenciando tudo o que sentimos e pensamos.

Modelo mental — ingredientes negativos

Chamamos de modelo mental negativo, quando a pessoa possui pensamentos distorcidos e baseados em crenças irracionais e limitadoras. O pensamento parte de inferências e, na maioria das vezes, de falsas premissas, e formam pensamentos errôneos sobre uma determinada situação ou pessoa. Uma pessoa dominada por um modelo mental negativo normalmente apresenta comportamento pessimista, reativo e defensivo, desenvolve autoestima baixa e abriga emoções negativas. Não consegue ter empatia porque não possui o sentimento de compaixão, tornando-se incapaz de desenvolver relações mais íntimas. Abriga emoções como ciúme, inveja e raiva. Demonstra comportamento de intolerância, impaciência e negatividade. Às vezes, mostra excesso de confiança em si mesmo para demonstrar que não precisa da ajuda do outro. Acredita que, agindo com autossuficiência e dizendo para si mesmo "eu me basto", não deixa espaço para vulnerabilidade. Como se pode perceber, esses ingredientes negativos vulnerabilizam as pessoas, enfraquecendo seu estilo emocional em suas seis dimensões.

Modelo mental — ingredientes positivos

É baseado em premissas positivas e seu conteúdo está mais próximo da realidade, pois testa as inferências e premissas negativas antes de se influenciar por uma visão míope da realidade. Com isso, desenvolve um modelo mental formado por crenças sadias e produtivas, ao mesmo tempo em que está constantemente renovando e ampliando seu modelo mental, incluindo informações atuais que se transformam em paradigmas, que lhe dão bem-estar e qualidade de vida.

Uma pessoa que possui um modelo mental saudável abriga dentro de si emoções positivas baseadas em valores como compaixão, integridade, benevolência, generosidade, amor, amizade e respeito por si mesmo.

O modelo mental positivo é primordial na vida profissional, pois contém os ingredientes do sucesso profissional:

1 - Ser competente para fazer seu trabalho.
2 - Estar com vontade e motivado para realizar seu trabalho.
3 - Ser otimista e realista para acreditar que é capaz de encarar o desafio.

Para ilustrar a teoria dos Estilos de Atribuição — otimismo/pessimismo, Dr. Martin Seligman mostra que:

- Otimista é aquele que **acredita** na possibilidade de sucesso, mesmo na ausência de provas concretas.

- Pessimista é aquele que **não acredita** na possibilidade de sucesso, mesmo na presença de provas concretas.
- Otimista realista é aquele que satisfaz os critérios competência e motivação e acredita na possibilidade de sucesso, mesmo na ausência de provas concretas.

Emoções são criadas por nosso eu e dentro de nós, porque podemos perceber a mesma situação diferentemente em diversas vezes, por diferentes razões, o que significa que podemos interferir em nossa raiva, medo e tristeza, bastando uma análise do pensamento sobre o evento. Por exemplo: o otimista vê a raiva como uma energia para mudar o rumo da situação improdutiva e o pessimista vê a raiva como uma estratégia para retaliação, justificada por suas crenças irracionais.

REFLEXÕES

É o momento de reflexão.

Pense sobre a relação entre o Modelo Mental e o estilo emocional.

CRENÇAS E VALORES

Vamos fazer alguns arremates. Vimos anteriormente que uma pessoa, sob ameaça emocional, sem autoconfiança e com baixa aceitação de si mesmo, usa mecanismos ou estratégias de defesa para sobreviver, como: ser extremamente concordante, agradável e submisso, ser sedutor e manipulador ou ser irônico e agressivo, com excessivo foco em resultados.

Esses mecanismos aparecem porque o **medo** de ser ignorado, humilhado e rejeitado torna-se o vilão da maturidade emocional. Conclusão: a pessoa se sente vulnerável e toda vez que a profecia se concretiza ela não consegue lidar assertivamente com seus medos. Pronto! As reações corporais levam uma mensagem ao consciente, avisando que uma nova emoção está a caminho: a raiva.

O que está por trás de todo esse processo mental e emocional? Crenças e valores.

Simplificando: "Crença" é tudo aquilo em que acredito. Ex.: Eu acredito que a mulher é igual ao homem; e "Valor" é tudo aquilo que valorizo. Ex.: honestidade.

Muito bem. Além das crenças e dos valores úteis para nossa vida, aprendemos algumas crenças disfuncionais e valores carregados de mitos controladores de nosso comportamento, que, sem revisão constante, podem atrapalhar nosso emocional e impulsionar os gatilhos das emoções negativas.

O QUE SÃO CRENÇAS DISFUNCIONAIS, IRRACIONAIS E RÍGIDAS?

São mensagens inseridas em nosso modelo mental, através do processo educacional, do reforço cultural e também de nossa percepção de situações e experiências vividas.

São disfuncionais porque predispõem a desordens emocionais, impedindo a realização de metas; irracionais porque não possuem base lógica; rígidas porque são extremistas e aplicáveis em toda situação; normalmente associadas com emoções fortes de ansiedade, medo e raiva e sendo ativadas em situações nas quais a pessoa se sente vulnerável, ou seja, sem recursos físicos, intelectuais e psicológicos para enfrentar a situação.

ONZE CRENÇAS IRRACIONAIS DE DR. ALBERT ELLIS

Conheça as onze crenças irracionais, rígidas e disfuncionais identificadas pelo psicólogo Dr. Albert Ellis, pai da terapia Racional–Emotiva Comportamental (TREC) e Terapia Cognitiva (TC).

Ellis identificou essas crenças irracionais que povoam o modelo mental do ser humano, distorcendo nossos pensamentos, sentimentos e comportamentos, conforme segue:

1. **A ideia de que existe extrema necessidade de qualquer ser humano adulto ser amado ou aprovado por qualquer outra pessoa significativa em sua comunidade.**

   COMENTÁRIO: A necessidade de ser amado e aceito por pessoas significativas é inerente à natureza humana, porém, quando a necessidade é excessiva ao ponto de você fazer de tudo para agradar ao outro, podemos dizer que seu comportamento é determinado por essa crença irracional. O ideal é que você se concentre no autorrespeito, que pense em amar mais do que ser amado e, finalmente, busque a aprovação do outro, quando necessário.

2. **A ideia de que se deve ser inteiramente competente, adequado e realizador em todos os aspectos possíveis para ter valor; ou seja, você tem que ser perfeito em tudo.**

   COMENTÁRIO: Essa crença reforça uma distorção do pensamento que é "tenho que ser perfeito". A busca pela perfeição é incansável, estressante e longa.

   A verdade é que somos bons em muitas coisas, mas não em tudo. A ideia da interdependência no trabalho existe exatamente para mostrar que as pessoas têm talentos e limitações. Estimular a cooperação entre elas tem o intuito de juntar talentos e produzir coisas e ideias criativas.

   A interdependência ajuda os profissionais a serem inteiros, colocando à disposição talentos específicos de cada um e criando uma relação dependente entre eles, sendo ligados pelas limitações normais do ser humano: ninguém sabe tudo, todo o tempo. Cada profissional, em sua individualidade, tem aptidões e talentos para algumas coisas e, juntos, os talentos são sinérgicos.

3. **A ideia de que é terrível e catastrófico quando as coisas não são do jeito que gostaríamos que fossem. A ideia de que há invariavelmente uma solução certa, precisa e perfeita para os problemas humanos e que é catastrófico se essa solução perfeita não é encontrada.**

   COMENTÁRIO: É comum verificar essa crença circulando no ambiente de trabalho. Você percebe um colega agindo com base nessa crença, quando existe o catastrofismo, que transforma um pequeno problema em uma catástrofe. Exemplo: "Meu Deus, e agora, o cliente vai embora!" Um profissional que se baseia nessa crença não aceita que a situação não está como ele queria e, assim, pode manifestar comportamento inflexível, similar à teimosia. Depois de muito argumentar, o profissional fica irritado e contrariado, ao perceber que não conseguiu apresentar argumentos suficientes para convencer as pessoas a "comprarem" sua ideia. Normalmente, ele tem dificuldade de ouvir, uma forma defensiva de não se submeter às ideias do outro.

   Essa crença é incorporada ao modelo mental de um profissional, cuja fase do controle, na idade infantil, não ficou bem desenvolvida, sendo provável que ele viva uma sensação de incômodo ao perceber uma suposta perda de controle da situação.

   O ideal é colocar, no modelo mental, a ideia de que é desagradável quando as coisas não são do jeito que você queria e que você pode tentar mudar ou controlar as condições para que elas sejam mais satisfatórias. Se, porém, a mudança é difícil, será melhor a resignação, em vez de sofrer por algo no qual você não pode interferir.

4. **A ideia de que certas pessoas são más, perversas e "velhacas" e que elas deveriam ser severamente responsabilizadas e punidas por sua maldade.**

   COMENTÁRIO: Na empresa, existem profissionais que levam a sério essa crença. Criam rótulos e preconceitos com base no comportamento inadequado de um colega e, a partir dessa única percepção, estabelecem uma relação de inimizade e exclusão, promovendo conflitos inúteis e perdendo o foco principal, que são os resultados. Tenha certeza, a raiva é a força propulsora de toda a campanha de exclusão.

É uma crença irracional, porque parte de uma ideia generalizada e preconceituosa sobre o ser humano. O ideal é acreditar que um ato inadequado ou um comportamento antissocial pode ser apenas um deslize da pessoa. Não cabe a você executar uma punição severa, porém é aconselhável que não deixe seus valores e costumes serem agredidos por um ato ofensivo.

5. **A ideia de que a infelicidade humana é externamente causada e que as pessoas têm pouca ou nenhuma habilidade para controlar seus infortúnios e distúrbios.**

COMENTÁRIO: Na vida profissional, essa crença é a melhor "muleta" para se ficar na passividade. Quando não está contente com o trabalho, o profissional, em vez de questionar e pedir mudanças, aceita a infelicidade porque acredita que a vida é assim mesmo e o trabalho, por si, é pesado e estressante. Essa crença é irracional porque tira do ser humano o direito de fazer escolhas e de interferir na própria vida. É comum ouvir de pessoas que adotam essa crença frases do tipo: "Foi Deus quem quis assim, não posso fazer nada", "Esse é meu carma, não posso interferir". Saiba: a forma como você enxerga a vida é que sustenta a infelicidade humana.

6. **A ideia de que, se alguma coisa é ou pode ser perigosa ou assustadora, deve-se ficar terrivelmente preocupado e ficar "ruminando" sua possível ocorrência.**

COMENTÁRIO: Essa crença é irracional porque estimula o aparecimento do pessimismo e da ansiedade e, por isso, faz a pessoa sofrer por antecipação, por algo que não aconteceu. Além de irracional, é desagradável conviver com alguém que fica ruminando e é pessimista. Essa crença, sendo frequentemente estimulada, pode levar uma pessoa a sentir a vida como uma eterna ameaça.

Uma comunicação institucional confusa e ameaçadora é um estímulo para impregnar o ambiente de trabalho com essa crença, gerando boatos. Essa crença desperta a dúvida e as pessoas ficam terrivelmente preocupadas com a falta de informação sobre o fato em pauta.

O ideal é acreditar que, se algo é perigoso, o melhor é enfrentá-lo com firmeza e acabar com o perigo. Se isso não for possível, no mínimo pare de ruminar e pense em algo melhor.

7. **A ideia de que é mais fácil evitar certas dificuldades ou responsabilidades da vida do que enfrentá-las.**

    COMENTÁRIO: Essa crença define a postura de muitos profissionais que não querem correr riscos porque lhes falta coragem para encarar os problemas do dia a dia da organização, preferindo ficar à mercê da vida. Essa crença é irracional porque tira do ser humano a responsabilidade por si e estimula o comportamento de fuga, e não a busca pela solução do problema ou da dificuldade.

    Pode-se perceber essa crença no comportamento de um chefe, por exemplo, que, em vez de dizer a verdade, promete uma promoção ao colaborador porque não tem coragem de dizer que seu desempenho é medíocre. Conclusão: a promoção não acontece, o colaborador não melhora em suas competências, pois não recebeu o *feedback* verdadeiro e, quem sabe, pode ser demitido por incompetência.

    Ele não encara a situação difícil de, inicialmente, dar o *feedback* por medo de desagradá-lo, acreditando que é mais fácil deixar para depois. Quantas vezes agimos dessa forma, evitando e não resolvendo uma situação, e o problema se agrava cada vez mais.

    O ideal é pensar que o caminho fácil é o mais duro e que a única maneira de resolver problemas difíceis é enfrentá-los com firmeza.

8. **A ideia de que se deva ser dependente dos outros e de que é necessário alguém mais forte em quem se apoiar.**

    COMENTÁRIO: Essa crença reforça a postura frágil e de dependência em suas relações de trabalho. Impede o profissional de mostrar sua força maior, que é a independência com maturidade. O profissional que se apoia nessa crença normalmente é inseguro e lhe falta autoconfiança para andar com seus pés, tomar as próprias decisões e enfrentar as turbulências do cotidiano do trabalho.

    É comum ver, nas empresas, comportamentos de chefes, que se dizem gestores e que exercem seu poder de influência, através de posturas agressivas e/ou paternalistas, tornando evidente a vantagem de a equipe se apoiar em alguém mais forte e que tem um cargo superior. Ao adotar essa crença, o profissional optou pelo caminho mais fácil e não quis correr o risco de contrariar a vontade do chefe, reforçando em si algumas outras crenças irracionais.

9. **A ideia de que a história passada de alguém é um determinante definitivo de seu comportamento presente e que, se algo afetou uma vez fortemente sua vida, isso continuará tendo indefinidamente um efeito similar.**

   COMENTÁRIO: Se você tiver em excesso uma das três necessidades, dependência, controle e competição, essa crença diz que você está predestinado a carregar esse fardo e não pode interferir no passado para mudar o presente e o futuro. Se você tiver pendências a serem resolvidas sobre suas necessidades de dependência, controle e competição, a crença diz que você não tem solução e jamais conseguirá atingir sua maturidade emocional. Portanto, você está condenado a sofrer por causa de seus problemas da infância.

   Vemos, no mundo corporativo, profissionais que são condenados a viver nas trevas por conta de um erro. Sofrem preconceito, recebem o rótulo de incompetentes e pagam pelos erros do passado. Não lhes é dada a chance de desenvolvimento e mudança de comportamento.

   A crença adequada é aquela que ouvimos das pessoas maduras e ponderadas: "Aprenda com o erro e com a experiência passada e bola para frente. Não deixe que emoções do passado perturbem sua vida no presente."

10. **A ideia de que se deva ficar transtornado com problemas e preocupações de outras pessoas.**

    COMENTÁRIO: Essa crença contraria o direito do ser humano de escolher o que quer para si, inclusive de não querer se responsabilizar pelos problemas dos outros. Somente o dono do problema deverá resolvê-lo. Você pode dar sugestões e orientação, mas não deve tomar para si a ação de solucionar. Você não ajudará em nada, pressionando-o para que mude seu comportamento.

11. **A ideia de que a felicidade humana pode ser alcançada pela inércia e inatividade.**

    COMENTÁRIO: Quando você tem essa crença em seu modelo mental, é provável que tenha expectativas irrealistas sobre você e as pessoas, sendo grande fonte de raiva ver essas expectativas frustradas.

Essa crença é irracional, se olharmos o que as pesquisas dizem sobre felicidade e bem-estar. Martin Seligman, em sua obra Felicidade Autêntica, mostra que uma crença adequada é acreditar que as pessoas tendem a ser mais felizes quando estão ativas e vitalmente absorvidas em ocupações criativas ou quando estão se dedicando a pessoas ou projetos fora de si mesmo.

REFLEXÕES

REFLEXÕES SOBRE AS CRENÇAS IRRACIONAIS QUE ATRAPALHAM SUA VIDA

Avalie quais destas crenças estão atrapalhando seu crescimento profissional e sua qualidade vida.

Crenças Irracionais	Atrapalha Muito	Atrapalha Pouco	Não Atrapalha
Crença 1			
Crença 2			
Crença 3			
Crença 4			
Crença 5			
Crença 6			
Crença 7			
Crença 8			
Crença 9			
Crença 10			
Crença 11			

1 - Compare os resultados do seu estilo emocional e analise como essas crenças afetam as seis dimensões:

____

____

____

____

____

2 - Como essas crenças estão atrapalhando e limitando sua atuação na vida?

____

____

____

____

____

3 - O que você pretende fazer para neutralizar seus efeitos?

____

____

____

____

____

SISTEMAS DE CRENÇAS DE DR. AARON BECK

Vamos focar agora a análise do modelo mental com uma outra abordagem interessante, que é a do Dr. Aaron Beck, pai da Terapia Cognitiva. Ele diz que o ser humano constrói dentro de si crenças centrais, que ficam armazenadas no inconsciente e que regem seu modelo mental, seu emocional e, principalmente, seus comportamentos em todas as esferas da vida.

Ele mostra que as crenças básicas podem ser classificadas em esquemas disfuncionais de desamparo e de desamor, impedindo ou dificultando o sucesso de uma carreira profissional ou mesmo o bem-estar pessoal. Para tornar mais didático, vamos dividir em três categorias: Incapacidade, Inadequação e Baixa autoestima.

CATEGORIAS	CRENÇAS BÁSICAS
Essas crenças quando entram em ação nos causam um estado emocional de tristeza.	
Incapacidade	Sou incapaz intelectual, profissional e fisicamente. Sou impotente e ineficiente. Estou fora de controle – Sou incompetente. Sou fraco – Sou um fracasso. Não tenho saída – Não sou bom o suficiente (em termos de conquistas). Sou carente – Não chego à altura dos outros.
Inadequação	Sou inadequado, feio, desagradável, chato, falo mal, me visto mal e não tenho nada de interessante. Sou desamparado.
Baixa autoestima	Não sou capaz de ser amado. Não tenho valor. Sou indesejável. Sou imperfeito, ninguém vai gostar de mim. Não sou atraente. Não sou bom o suficiente para ser amado pelos outros.

<table>
<tr><td></td><td>Ninguém me quer. Serei rejeitado.
Ninguém liga para mim. Estou condenado a ser abandonado.
Sou mau e ficarei sozinho.</td></tr>
<tr><td colspan="2">O <u>medo</u> de que essas crenças centrais se tornam realidade torna o profissional inseguro, levando-o a um estado de vulnerabilidade. Sentir-se vulnerável causa no profissional alta <u>ansiedade</u>, e ao se concretizar a vulnerabilidade, aparece a <u>raiva</u>.</td></tr>
<tr><td>Vulnerabilidade</td><td>A realidade é ameaçadora e eu sou incompetente para enfrentar o perigo.</td></tr>
</table>

O modelo cognitivo mostra que cada emoção corresponde a uma crença específica:

- TRISTEZA é consequência de uma constatação negativa de meu eu.
- ANSIEDADE ou medo é consequência da crença "coisas ruins podem acontecer e eu não tenho controle da situação".
- RAIVA é consequência da crença "alguma de minhas regras internas está sendo violada".

Essas crenças centrais estão armazenadas no inconsciente, exercendo influência nas crenças intermediárias, que são as regras, atitudes e suposições que temos internamente.

EXEMPLO 1: A crença central "sou inadequado" pode determinar uma crença intermediária (suposição) "se eu for alvo de atenção, todos perceberão que falo mal".

EXEMPLO 2: A crença central "sou incompetente" pode determinar uma crença intermediária (suposição) "se eu não entendo algo, então eu sou burro".

Como as crenças vão interferir no dia a dia? As crenças fazem seu papel, ao se tornarem conscientes através de erros cognitivos que aparecem no pensamento automático negativo (PAN), ou seja, aquele pensamento que surge automaticamente, sem controle. Em outras palavras, é aquela voz interna que diz, neste caso, coisas ruins a seu respeito ou sobre a situação vivida. "Se eu sou burro, isso é difícil para mim e jamais aprenderei."

Utilizando o mesmo exemplo 1, imagine o profissional que tem a crença "sou inadequado" em uma situação de reunião com a diretoria. A suposição que o profissional faz a seu respeito e mais a regra condicional "se eu fugir, eu evito ser ridicularizado" podem gerar o seguinte pensamento automático: "Isso é muito difícil para mim e vou falar bobagem."

Imediatamente, ele se sente ansioso, cala-se e sente as mãos suarem frio.

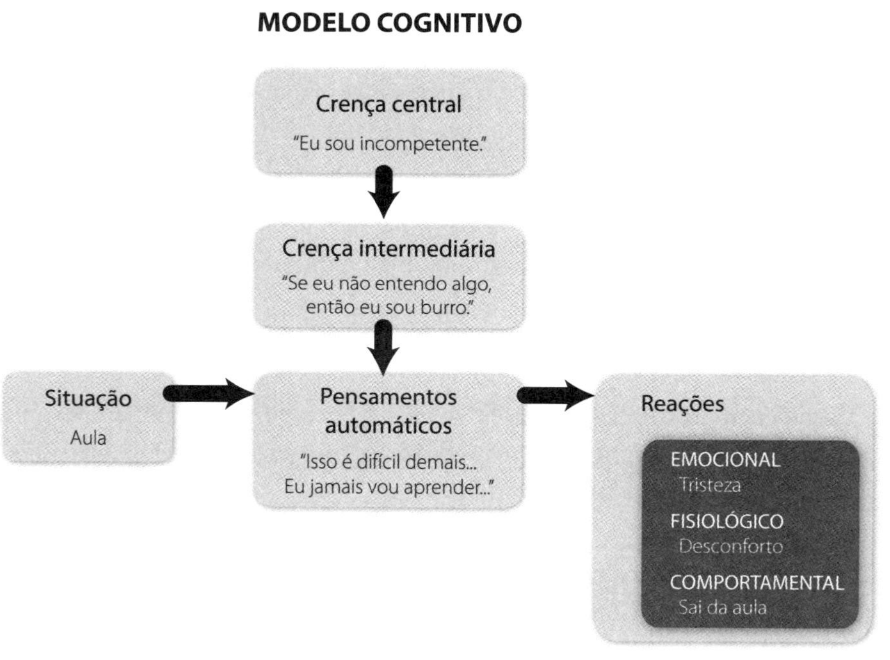

Figura 5.1 — Processo do modelo cognitivo

ERROS COGNITIVOS

Erros cognitivos são frutos de crenças irracionais, que levam a pessoa a perceber a realidade de forma distorcida, originando os mecanismos de defesa para evitar confrontos com a dor emocional.

As crenças irracionais impedem bons pensamentos. Pensamentos negativos desestimulam a motivação e o otimismo para a vida, criam mecanismos de defesa para sobrevivência e estabelecem um estado emocional de insegurança e ansiedade.

São gatilhos que acionam o sistema límbico e colocam o cérebro em alerta constante. A atenção estará totalmente focada em encontrar comportamentos defensivos adequados à emoção sentida (medo, raiva ou tristeza). As relações interpessoais são marcadas por mal-entendidos e conflitos. Vamos a eles.

- MANIA DE EXAGERO. Você aumenta a importância dos problemas ou minimiza as coisas boas da vida.

Minimizar as coisas boas da vida pode estimular o pessimismo e aumentar a importância dos problemas pode inviabilizar a solução dos mesmos.

- MANIA DE ADIVINHAR O PENSAMENTO DOS OUTROS. Você tira conclusões antecipadas e interpreta as coisas negativamente. Essa forma de pensar presume que você "sabe" o que se passa no pensamento de outra pessoa.

Esse erro prejudica o entendimento da mensagem na comunicação, além de dificultar a solução do problema.

- ATITUDE DE TUDO-OU-NADA. Esse pensamento apregoa que, quando você não tem o que quer totalmente, não tem nada. Por exemplo: se um projeto não se tornar perfeito, você o vê como um fracasso total.

O perfeccionismo é limitante, pois, ao focar no que poderia ser melhor, não se consegue enxergar o que está bom. É desgastante e desmotivador, gerando perda do foco e dificultando o atingimento do objetivo. Além de enrijecer a mente, estimula o pensamento negativo.

- NEGATIVISMO. Você deprecia o positivo e nunca dá a si mesmo ou a outros crédito por um trabalho benfeito. Muitas vezes, você diz que "isso não está bom o suficiente" ou "isso poderia ter sido melhor". Você se sente mal recompensado e constrói raiva.

- EXPECTATIVAS IRREAIS. Você diz a si mesmo que as coisas deveriam ser de certa maneira, que as pessoas deveriam agir de um determinado modo. Isso o conduz à raiva e à frustração com você e com os outros.
- MANIA DE ROTULAR PESSOAS. Você pode se rotular como um tolo, um derrotado ou um estúpido. Você pode também rotular os outros: "ele é um insignificante". Você terminará com muitas interpretações e desesperanças para o futuro. A comunicação normalmente se interrompe em seus cautelosos relacionamentos, quando se aplica tais rótulos.
- MANIA DO CONTROLE ACOMPANHADO DA CULPA. Você quer e precisa controlar. Se algo dá errado, pode culpar-se, mesmo que não seja o responsável. Algumas pessoas culpam as outras por todos os problemas delas e rejeitam as responsabilidades, o que agrega ressentimento ao relacionamento e estimula a raiva.
- HIPERGENERALIZAÇÃO. É tomar um único evento e generalizar para todos. A crença básica é: se aconteceu uma vez, vai acontecer sempre!
- CATASTROFISMO. É maximizar a gravidade de qualquer situação, reagindo de forma exagerada e com um olhar um tanto desesperado, como se o mundo fosse acabar porque as coisas não aconteceram como o esperado.
- PENSAMENTO COMPARATIVO. É a mania de se comparar com os outros. Você pode ficar com raiva, se constatar que os outros têm algo que você não tem.
- ACEITAÇÃO PASSIVA DE CRÍTICAS. É o valor que uma pessoa se dá, baseado no que os outros dizem a seu respeito. A pessoa aceita a opinião dos outros como a correta, sem questionamento, e baseada nessa crítica define sua autoestima.
- MANIA DE PERSEGUIÇÃO. É uma forma de avaliar as coisas como uma afronta pessoal, mesmo o evento não tendo nada em relação à pessoa que o incomoda. Será que ele não percebe que estou atrasado?
- PROFETIZAR O INFORTÚNIO. É um erro do pensamento, que diz que você deveria sempre saber o que está por vir, antes do acontecimento em si. Quando acontece, você se condena e se pune por não ter previsto o fato.

- SÍNDROME DO "TEM QUE SER ASSIM". É um pensamento que admite existir uma única forma certa para fazer qualquer coisa. As coisas têm que ser de uma determinada maneira, sempre.
- SÍNDROME DA INADEQUAÇÃO. A pessoa acha que é uma falha no mundo; é a sensação de total inadequação diante das exigências do cotidiano.

REFLEXÕES

Como estão seus pensamentos? O que anda dizendo sua voz interna?

Todos nós escutamos uma pequena voz proveniente do interior, que afeta nossas atitudes e comportamentos. Essa voz, que é seu pensamento, pode estar distorcida por conter erros cognitivos. Se você puder se identificar com algum dos erros cognitivos, escreva na coluna ao lado como o pensamento distorcido afeta seu comportamento ou nutre pensamentos negativos.

Erros cognitivos	Como afeta seu comportamento?
1. Mania de exagerar a importância dos problemas ou minimizar as coisas boas da vida.	
2. Mania de adivinhar o pensamento dos outros.	
3. Atitude de tudo-ou-nada.	
4. Negativismo.	

5. Expectativas irreais.	
6. Mania de rotular pessoas.	
7. Mania do controle acompanhado de culpa.	
8. Hipergeneralização.	
9. Catastrofismo.	
10. Pensamento comparativo.	
11. Aceitação passiva de críticas.	
12. Mania de perseguição.	
13. Profetizar o infortúnio.	
14. Síndrome do "tem que ser assim".	
15. Síndrome da inadequação.	

Quando os pensamentos ficam livres dessas distorções, é mais fácil frear o ciclo das emoções negativas. Você se torna produtivo e canaliza sua energia de um modo positivo e construtivo.

As crenças irracionais, além de provocarem distorções do pensamento, impedem que a pessoa adote um comportamento assertivo baseado nos direitos do ser humano, nos relacionamentos interpessoais, no trabalho e na sociedade como um todo, e a ativação do sistema límbico é inevitável. Neste caso, a amígdala sendo estimulada reforça o circuito neural do pensamento negativo, o circuito conduzido por hormônios do estresse (adrenalina e cortisol) que neutraliza a ação do pré-frontal.

Entender a voz interna pode ajudá-lo a encarar os motivos de decepções, relações malsucedidas e comportamentos raivosos, que podem ter estado com você por muitos anos. Saiba que, através desse processo cognitivo, você pode mudar a visão de uma situação ruim para outra mais produtiva, alterando o conteúdo do pensamento negativo para positivo. Isso é autoconhecimento e autoconsciência.

Com essa intervenção, você pode atuar diretamente nas substâncias químicas do cérebro, pois toda emoção tem correlação com algumas sensações controladas pelas estruturas cerebrais.

O que você deve fazer?

Mudar suas crenças disfuncionais para funcionais, de forma que se sinta capaz, adequado e digno de ser amado.

Para essa análise e mudança de crença, se dá o nome de ressignificação de pensamentos/crenças, ou seja, dá-se um novo significado ao seu pensamento, mudando a forma de ver uma situação, contribuindo para encontrar boas alternativas de solução da situação e, principalmente, de forma responsável e consequente.

Veja como interferir nas suas crenças disfuncionais por meio da técnica "Reestruturação Cognitiva", a seguir apresentada.

REESTRUTRAÇÃO COGNITIVA

A ressignificação pode ser feita pela técnica de **Reestruturação cognitiva** — utilize essa técnica para analisar os pensamentos negativos. Através dela, podemos avaliar a veracidade do pensamento negativo ou mesmo trocá-lo por um pensamento realista e otimista. Ajuda você a enxergar uma situação com um olhar mais objetivo. Alguns cuidados:

- Tome consciência de que suas perturbações são autoproduzidas.
- Reconheça que é capaz de modificar as perturbações.
- Compreenda que elas são originadas de pensamentos irracionais.
- Descubra suas crenças irracionais.
- Questione as crenças.
- Internalize novas crenças racionais.
- Rebata sempre as ideias irracionais.

COMO FAZER A REESTRUTURAÇÃO COGNITIVA

1 - Observe os pensamentos que ocorrem em certas situações que tenham relação com a crença em questão.

2 - Registre as situações em que ocorrem os pensamentos irracionais. Qual distorção é cometida? Registre as emoções decorrentes desses pensamentos.

3 - Responda às seguintes questões para testar o pensamento:

a - Quais as evidências de que o pensamento automático é verdadeiro?

b - Há uma outra explicação alternativa para a situação?

c - O que de pior pode ocorrer se for verdadeiro esse pensamento?

d - Eu poderei suportar isso?

e - O que de melhor pode acontecer?

f - Qual é o resultado mais realista?

g - Qual o efeito de minha crença nos pensamentos automáticos?

h - O que pode acontecer (efeito) se eu mudar meu pensamento?

i - Se outra pessoa estivesse na situação e tivesse esse pensamento, o que você diria a ela?

4 - Volte para o registro e compare o questionamento feito anteriormente.

5 - Registre a nova emoção experimentada decorrente do novo pensamento.

Podemos concluir que o segredo é: identificar e avaliar a qualidade dos seus pensamentos; testá-los frente à realidade, fazendo a si mesmo perguntas que comprovem se esses pensamentos negativos são verdadeiros ou não; por fim, adotar um pensamento que tenha mais pertinência no contexto.

REFLEXÕES

Tente agora fazer uma reestruturação cognitiva de algum pensamento ruim que tem rondado sua mente com frequência.

Podemos concluir que, estimulando sinapses que criem fortes circuitos neurais entre sistema límbico e pré-frontal, pode-se gerar bons pensamentos.

No próximo capítulo, focaremos a expressão das emoções e pensamentos pela comunicação defensiva ou assertiva.

Veremos também como a comunicação pode intervir positiva ou negativamente no estilo emocional.

Capítulo 6

COMO SE COMUNICAR COM MATURIDADE E EQUILÍBRIO

Você já explodiu de raiva? O alívio é imediato, mas, em compensação, o estrago é maior que o alívio. Se a raiva toma conta, uma energia muito forte e parecida com um furacão invade nosso ser. Essa energia sai pela boca e por todos os poros do corpo. É a típica comunicação verbal e não verbal, agressiva e invasiva, dando vazão à nossa raiva.

Quando somos contrariados, sentimos raiva e atacamos o outro porque ele não concorda com nossas opiniões e, mais do que tudo, tem a ousadia de expor nossa incompetência em público.

Quando somos excluídos, sentimos raiva porque o sentimento de rejeição toma conta de nosso eu. Para nos compensar, agredimos o outro, querendo, com isso, mostrar-lhe que não dependemos dele para nosso bem-estar.

Quando nossa opinião não é levada em conta, seja porque o chefe tomou uma decisão que afetou nosso trabalho e nem ao menos nos consultou, seja porque não fomos convidados para uma reunião, nosso sentimento de competência é ameaçado, o que incomoda profundamente. Daí, só nos resta atrapalhar a vida do opositor, discordando de suas ideias e, muitas vezes, boicotando seus projetos de trabalho.

Muitas vezes, para evitar a exclusão, a humilhação e a rejeição, a opção é a submissão aos "mais fortes". O sistema límbico, através das amígdalas, liga o sistema de alarme, avisando o nosso corpo que a emoção mais adequada para se proteger do perigo é o "medo". Resultado?

O comportamento escolhido é a passividade. A sensação é de uma força interior bloqueando os movimentos e pensamentos. Assim, só nos resta "submeter-nos", utilizando o comportamento de fuga da situação, seja uma "extrema afabilidade" ou um "papel de vítima".

Essas e outras situações que estimulam a raiva, o medo e a tristeza podem nos levar a usar, no dia a dia de trabalho e nos demais papéis que desempenhamos, determinados estilos de comunicação pautados por uma linguagem que assegure a blindagem contra qualquer tipo de ameaça.

É por isso que muitos profissionais dizem que, diante de uma ameaça, a escolha entre atacar ou se retrair vai depender de quem ameaça e de onde vem essa ameaça; ou seja, se o poder do interlocutor for maior, só resta a proteção através de comportamentos de submissão, mas se o poder do interlocutor for menor, nada o impedirá de ir ao ataque. São os chamados mecanismos de defesa.

Quando alguém tem esse pensamento, demonstra que não lida adequadamente com emoções negativas. O pensamento de quem não lida bem com a raiva e tem comunicação conflitiva normalmente segue crenças como os exemplos a seguir:

- Se for meu chefe, é bem provável que eu guarde a raiva dentro de mim e, apesar de sofrer, finja que está tudo certo. A raiva fica lá dentro, corroendo as entranhas, até que um dia, com mais raiva acumulada, saia de forma explosiva.
- Se for um colega irritante e que não me cause nenhuma ameaça, aproveito um descuido e descarrego a raiva. "Ah, que alívio, esvazio minha lixeira emocional!"

Nessas situações, os pensamentos e sentimentos estão totalmente contaminados pela raiva, o que impacta diretamente no estilo de nossa comunicação.

Dependendo do olhar para a situação/pessoa, podemos criar a raiva. Basta que essa situação ameace nossa autoimagem, para que o medo apareça e nos encha de sentimentos negativos e comportamento defensivo.

Podemos concluir que as pessoas usam diversos estilos de comunicação, dependendo de como seus pensamentos e emoções estão sendo cuidados, através de atitudes assertivas.

Há, porém, um problema. As crenças irracionais e as distorções do pensamento impedem que uma pessoa adote crenças assertivas, que definem os direitos que todo ser humano possui, nos relacionamentos interpessoais, no trabalho e na sociedade.

CRENÇAS SOBRE OS DIREITOS DO SER HUMANO

Nos relacionamentos pessoais e profissionais, uma pessoa acredita ter o direito de:

- Tomar as próprias decisões.
- Não justificar seu comportamento.
- Escolher não ser responsável pela solução dos problemas das pessoas.
- Mudar de opinião.
- Cometer enganos e ser responsável por eles.
- Dizer "não sei".
- Não depender da vontade dos outros.
- Dizer "não compreendo".
- Dizer "não me importo".
- Ser ouvido e ser levado a sério.

A pessoa fabrica suas emoções negativas ao negar esses direitos, camuflados pelos mitos de uma educação castradora, extensiva, muitas vezes, ao ambiente organizacional. Vamos analisar essas emoções, provenientes da negação desses direitos:

I - Você tem o direito de tomar as próprias decisões

Você tem o direito de julgar e controlar seus pensamentos, sentimentos e comportamentos, independentemente do que os outros pensam.

Desde criança, você aprendeu que é importante agradar às pessoas que lhe são caras e, assim, se suas ações desagradarem a elas, você será responsável por seu desconforto e ressentimento. Sendo assim, você se esforça para agradá-las, tomando decisões que, acredita, as deixarão felizes.

Quando o outro não reconhece o esforço empregado para agradá-lo, uma sensação de desconforto toma conta de você: medo, raiva ou tristeza está a caminho.

Imagine-se nesta situação: você está fazendo um relatório para seu gestor. Para fazer o trabalho com qualidade e deixá-lo satisfeito, foi necessário ultrapassar o horário de trabalho. No fim, porém, você ficou feliz com o resultado e tinha certeza de que seria elogiado.

Para sua surpresa, no entanto, o gestor não teve nenhuma atitude de reconhecimento. Ao contrário, apontou dois pequenos erros de digitação e disse apenas para você agilizar o trabalho.

Como você reage?

A — Não se chateia, pois tem certeza de que fez o melhor, porém se o evento incomodá-lo, procurará o gestor para alinhar expectativas.

B — Fica frustrado e triste porque esperava um elogio.

C — Internamente fica irritado, mas se controla e diz que está tudo bem porque ficou com medo de se indispor com o gestor.

D — Fica com muita raiva porque ele não reconheceu seu esforço. Promete a si mesmo vingar-se do seu gestor.

E — Fica furioso e acaba explodindo.

Você escolheu A? Parabéns, pois é a alternativa que resume o uso do precioso direito de tomar decisões por sua vontade. Indica autoconfiança e autoestima altas.

As demais alternativas retratam dificuldades de lidar com as diferentes emoções negativas.

Como está usando esse direito no dia a dia? Pense nas situações em que você teve que decidir a quem agradar: a você ou ao outro. Normalmente, ao tomar uma decisão, você pensa somente em como ela vai afetar o outro? Você já desistiu de algo porque acreditou que a decisão não agradaria a outra pessoa, seja seu colega, gestor ou outra área?

Responda:

1 - Tomo minhas decisões, julgo e controlo meus pensamentos, sentimentos e comportamentos, independentemente do que os outros pensam.

( ) sempre ( ) às vezes ( ) raramente

II - Você tem o direito de não justificar seu comportamento

Quando você é seu próprio juiz, não precisa explicar seu comportamento, pois ninguém tem o direito de exigir que você apresente razões para convencê-lo de que está errado.

Você tenta tomar as próprias decisões, mas, no último momento, se pega tentando convencer o outro, mediante uma "montanha" de justificativas, que seu comportamento é correto ou você foi obrigado a agir de tal forma.

O medo de não ter razão, estar errado ou de magoar o outro pode levar uma pessoa a ficar se justificando. A raiva pode aparecer quando o outro não quer concordar com você. A culpa aparece e você acaba cedendo aos desejos do outro por medo de magoá-lo. Agora, a raiva é dobrada. Você fica com raiva de si e do outro.

Analise o exemplo:

Você decidiu fazer um curso de pós-graduação e terá que sair mais cedo do trabalho duas vezes na semana, e, para isso, precisa da aprovação de seu gestor. Na reunião de *feedback,* você contou a ele sua intenção de estudar. Ele pensa diferente e insiste que você deveria fazer curso de espanhol e depois pós-graduação, que você está fazendo a escolha errada. De qualquer forma, ele concorda com suas saídas antecipadas. Como você se sente?

A — Sente-se confortável, pois tem certeza de que sua escolha é correta.

B — Fica frustrado e triste porque gostaria de obter a concordância do gestor.

C — Internamente fica irritado, mas se controla e diz que tudo bem para não causar confusão.

D — Fica com muita raiva porque ele não concorda com sua escolha e, para desabafar, fala mal do seu gestor para um terceiro.

E — Acaba cedendo para agradar ao gestor, mas fica furioso porque ele não entende suas escolhas.

A alternativa A indica o uso do direito de não justificar seu comportamento, porque você assume o que escolhe. As demais alternativas indicam intensidades de sentir raiva, medo e tristeza e escolhas de comportamentos defensivos.

Avalie como você está usando esse direito.

2 - Eu dou a mim o direito de explicar e justificar meu comportamento somente quando julgo necessário. Sou meu próprio juiz na avaliação de meu comportamento.

( ) sempre ( ) às vezes ( ) raramente

III - Você tem o direito de escolher não ser responsável pela solução dos problemas das pessoas

Na prática, você pode ouvir o problema de alguém, sentir compaixão, sugerir alternativas e não assumir a responsabilidade pela solução do problema. Você tem o direito, inclusive, de não querer ouvir o problema do outro.

Quando, porém, ousa fazer isso, você se sente mal, se olha e se vê como alguém ruim e egoísta. Afinal, você aprendeu que é responsável pelo bem-estar das pessoas e, portanto, deve assumir a responsabilidade pelos problemas delas. Só assim demonstrará ser uma pessoa do bem.

Sendo assim, você se obriga, inconscientemente, a assumir a solução dos problemas do outro. Se ele se mostrar agradecido, você se sentirá recompensado, achando que valeu a pena sacrificar-se por ele. O maior benefício é tirar do seu emocional o medo de ser egoísta.

Sua raiva, porém, aparece quando o outro não reconhece o esforço despendido. Mais do que isso, você sente raiva de si mesmo, se pune por mais uma vez ter se preocupado com a pessoa, prometendo a seu EU machucado nunca mais ajudá-la, pois se sente usado e desprestigiado.

Analise o exemplo:

Hoje não é um bom dia. Você está muito preocupado com um problema familiar. Seu colega de trabalho quer desabafar por causa de uma situação que está tendo com seu gestor e pedir sua ajuda na solução.

Você, porém, não está disposto a se envolver no problema.

Como você reage?

A — Você se sente confortável em apenas escutar seu colega e, no fim, dizer que sente muito, sem culpa. Dá algumas sugestões e se despede.

B — Você promete ajuda, mas depois inventa uma desculpa por não tê-lo feito.

C — Você diz que não poderá ajudá-lo, mostrando-se irritado com o colega por não saber resolver seus problemas sozinho.

D — Você ajuda na solução do problema, pois não tem coragem de não fazê-lo.

A alternativa A demonstra respeito pelos próprios limites e prioridades. As demais alternativas indicam que você sucumbiu aos interesses únicos do outro e deixou os seus de lado.

Como está administrando esse direito? Responda à questão:

3 - Eu escolho quando quero ou não quero ser responsável pela solução dos problemas das pessoas.

( ) sempre ( ) às vezes ( ) raramente

IV - Você tem o direito de mudar de opinião

Mudar de opinião é sinal de flexibilidade. Mudar de opinião pode ser saudável e inteligente, mesmo porque nossos interesses e o contexto mudam e permanecer na rigidez pode ser sintoma de "burrice".

Você, porém, não se dá esse direito, pois, desde criança, ouviu os adultos dizerem que uma pessoa deve ser firme e, depois de uma decisão tomada, não deve voltar atrás. Isso é coisa de gente insegura. A mensagem vinda à mente é: errar é sinal de irresponsabilidade e mudar de opinião é admitir que você cometeu um erro e, portanto, é incapaz de tomar decisões.

Esse mito estimula a rigidez e a inflexibilidade para acatar as opiniões dos outros. Uma pessoa dominada pelo medo de errar e de mudar de opinião dificulta o diálogo, torna-se má ouvinte e assume, muitas vezes, uma postura agressiva para se defender e exprimir a raiva de ser contrariada.

A raiva é maior quando se é obrigado a concordar com o outro, mudando a opinião. Sua imagem de autoconfiança e segurança foi ameaçada.

Em uma situação de discordância de opiniões, qual é sua tendência?

A — Você muda de opinião se o outro lhe der um argumento convincente.

B — Você muda de opinião, mas fica desconfortável.

C — Você não muda de opinião, para não se tornar vulnerável.

D — Você finge que concordou.

Você tem facilidade para aceitar a opinião do colega? Avalie como está sua flexibilidade.

4 - Eu consigo perceber quando a ideia do outro é melhor e me sinto confortável em mudar minha opinião.

( ) sempre ( ) às vezes ( ) raramente

V - Você tem o direito de cometer enganos e ser responsável por eles

Aceitar a falibilidade humana é aceitar a imperfeição, é aceitar o perdão. Aceitar o erro e ser responsável por ele é aceitar uma condição humana. Na maioria das vezes, criticamos os erros dos outros e nos envergonhamos dos próprios erros. Isso porque fomos condicionados a acreditar que o erro é feio, é um mal causado ao outro e, sendo assim, temos que reparar o mal, colocando-nos nas mãos do outro para nos corrigir.

É comum ver na empresa as pessoas atropelarem esse direito. Basta você participar de uma reunião e ouvir esta frase: "Quem foi o incompetente que causou esse prejuízo?" A resposta será uma defesa: "Bem, eu fiz minha parte, a outra área não deve ter cumprido seu papel."

A raiva aparece, quando você comete um erro e se sente contrariado e culpado por não ser perfeito. Isso se aplica a você? Tem mania de perfeição? Você fica com muita raiva quando erra? E com as pessoas, você critica o erro do outro?

Analise esta situação: Você acaba de receber *feedback* de seu cliente interno sobre o projeto ao qual tanto se dedicou. Ele disse que você cometeu um engano nas bases do cálculo dos custos e que deveria refazê-lo. Como se sente?

A — Aceita seu erro como algo normal, sem se sentir incompetente.

B — Aceita seu erro, mas se sente incomodado e constrangido por ter sido "descoberto".

C — Assume o papel de vítima, dá desculpas para amenizar a sensação de incompetência e depois faz a correção.

D — Ironiza o erro, deixando a entender nas entrelinhas que o seu interlocutor erra muito mais do que você.

A alternativa A deixa você se sentindo bem, pois sabe que não é infalível e, ao mesmo tempo, consegue ver seus pontos fortes. As demais alternativas não o deixa bem e confortável, seja fingindo estar tudo bem ou dando desculpas pelo erro.

Responda:

5 - Quando cometo enganos, não fico me punindo; ao contrário, me perdoo e procuro entender onde e por que errei para ser melhor na próxima vez. Quando o outro erra, sou tolerante e educado com a pessoa e tenho foco na solução do problema.

( ) sempre ( ) às vezes ( ) raramente

VI - Você tem o direito de dizer "não sei"

É difícil dizer "não sei" porque a crença que nos foi ensinada é baseada no seguinte princípio: "você é irresponsável e precisa ser controlado por outros, se não souber os resultados futuros de seu comportamento". Dessa forma, acreditamos que é nossa obrigação saber tudo e, se não sabemos dar uma resposta, é porque somos incompetentes.

Quando a necessidade de preservação da autoimagem de competência é ameaçada, a raiva aparece ao se ver acuado e envergonhado por perceber sua "ignorância" exposta.

No trabalho, é fácil identificar um profissional que sofre desse mal. Quando alguém é questionado sobre algo que desconhece, em vez de dizer "não sei, vou procurar a resposta e lhe dou o retorno brevemente", tenta enrolar ou dar desculpas, o que põe em jogo sua credibilidade e irrita seu interlocutor. Ao sair da reunião, o profissional fica se remoendo de raiva por não ter pronta uma resposta adequada. Mais: fica com raiva da pessoa que expôs sua "incompetência".

Analise esta situação: você está em uma reunião e um colega faz uma pergunta, cuja resposta você desconhece. Como reage?

A — Você diz naturalmente "não sei", pois não é pertinente ao meu trabalho.

B — Você pede desculpas por não saber e diz prontamente que buscará a resposta.

C — Você fica envergonhado, não assume que não tem a resposta e tenta dar uma enrolada.

D — Você fica com muita raiva por ver sua competência exposta e diz que a pergunta não é pertinente no momento.

Dizer naturalmente que não sabe, conforme a alternativa A, não causa demérito e vulnerabilidade, pois, certamente, você já provou em outras ocasiões sua competência. Agora, se sente à vontade para dizer "não sei".

Responda agora como você age no dia a dia, diante de uma pergunta para a qual não tem a resposta:

6 - Eu me sinto tranquilo quando tenho que dizer "não sei", principalmente quando a informação não faz parte da essência de meu trabalho.

( ) sempre ( ) às vezes ( ) raramente

VII - Você tem o direito de ser independente da boa vontade dos outros

Esse direito permite que você se afirme perante as pessoas, amigas ou não, conhecidas e desconhecidas. Viver à mercê da boa vontade de ser aceito pelo outro, além de comprometer sua autoconfiança e iniciativa, tornará você **vulnerável** às intenções manipuladoras das pessoas e situações no trabalho.

Existem pessoas que acreditam que, antes de iniciar um relacionamento, é preciso obter a boa vontade do outro; caso contrário, a relação não será possível. É evidente que a cooperação e boa vontade dos outros facilitam sua vida, mas você não pode colocar essa condição para a sobrevivência dos relacionamentos. Um comportamento muito utilizado é seduzir o outro, apontando qualificações que nem sempre são verdadeiras para conseguir sua atenção e boa vontade.

Você pode, através de argumentação sólida e boas ideias, convencer o outro, sem necessariamente manipulá-lo para que goste de você e o aceite. É claro que você deve cuidar para ser simpático e agradável, mas sem exageros do medo descontrolado.

A raiva aparece, quando o outro não demonstra boa vontade e não lhe dá a atenção que você acredita merecer, principalmente depois de ter sido tão gentil e cedido em prol do outro.

Você acredita que as pessoas precisam primeiramente gostar de você para se dispor a ouvir suas ideias?

Responda:

7 - Eu não vivo à mercê da boa vontade dos outros para me sentir seguro e aceito. Acredito que tenho qualidades suficientes para ter credibilidade perante as pessoas e ser aceito por elas.

( ) sempre ( ) às vezes ( ) raramente

VIII -Você tem o direito de dizer "não compreendo"

Esse direito mostra mais um aspecto da condição humana. Ninguém é perfeito para compreender completamente todas as coisas. Aceitar que você está sempre aprendendo é sabedoria. Aprendemos, porém, desde crianças, que temos a obrigação de compreender os desejos dos outros sem que eles precisem nos dizer, para não criar problemas.

Sua raiva aparece, quando o outro não percebe o que você quer e necessita ou então quando alguém denuncia sua falta de sensibilidade e percepção para as necessidades alheias.

Avalie seu comportamento:

8 - Quando percebo que um colega não compreende meus sentimentos e desejos, não me ofendo; ao contrário, digo-lhe claramente o que quero e o que sinto, e vice-versa. Quando peço desculpas a alguém por tê-lo ofendido sem querer e, mesmo assim, ele não aceita minhas desculpas, eu digo com tranquilidade: "não compreendo".

( ) sempre ( ) às vezes ( ) raramente

IX - Você tem o direito de dizer "não me importo"

Esse direito nos é tirado pela crença de que temos defeitos e devemos buscar a perfeição. Dada a condição humana, a perfeição não será possível; então, temos que, no mínimo, melhorar nosso modo de nos comportar. Se não tivermos a premissa de melhorar sempre, somos tachados pelos outros e por nós mesmos de inúteis, preguiçosos, que não merecem respeito. Essa crença nos cobra a busca eterna do eu ideal.

O medo de ser visto negativamente o conduz à busca da aprovação do outro.

A raiva aparece, quando alguém aponta um defeito seu. Você se chateia por não atingir o "eu ideal".

Avalie seu comportamento:

9 - Quando alguém aponta um "defeito", não fico desapontado e nem com raiva; ao contrário, respeito a opinião do outro e agradeço o *feedback*. Depois, decido se devo mudar ou não, isso porque me aceito e possuo autoconhecimento de minhas fortalezas e fraquezas.

( ) sempre ( ) às vezes ( ) raramente

X - Ser ouvido e levado a sério

Esse direito é violado, quando deixamos de expressar nossas opiniões, sentimentos e desejos. Normalmente, não usamos esse direito pelo medo de sermos rejeitados e ignorados, incutido em nós por todas as crenças que nos impedem de usar os outros nove direitos. Ao nos apoderarmos desse direito, certamente seremos ouvidos e levados a sério.

Abdicar do direito de ser ouvido e ser levado a sério prejudica a credibilidade do profissional e os resultados da empresa, uma vez que o profissional deixa de contribuir com seu conhecimento e ideias na solução de um problema, abalado pelo medo de parecer ridículo e medíocre.

O uso desse direito exige desprendimento e tolerância à frustração, pois o **não** do outro pode significar a negação de seus desejos, da realização de suas expectativas e, portanto, gerar a raiva em você, de você e do outro.

A raiva só desaparece, se sua expressão for do tamanho da ferida; caso contrário, o ressentimento restante será guardado e acumulado junto de outros ressentimentos que estão por vir, provenientes de outras situações. A consequência é a raiva acumulada, que provavelmente será expressa fortemente na próxima ocasião.

Avalie seu comportamento:

10 - Quando me posiciono, percebo que sou ouvido e as pessoas levam em conta minhas ideias. Não abdico de dizer o que penso nas reuniões e não me importo se ouvir um não das pessoas. Para mim, a omissão é pior do que uma ideia exposta e não aceita pelo grupo.

( ) sempre ( ) às vezes ( ) raramente

XI - Reconhecer e aceitar que o outro tem, também, os mesmos direitos

Esse não é um direito. É um dever do comportamento assertivo e que exige desprendimento e tolerância à frustração, pois o não do outro pode significar uma negação de seus desejos, da realização de suas expectativas.

Avalie seu comportamento:

11 - Eu aceito que meus colegas tenham os mesmos direitos que eu tenho e ajam de acordo com os dez direitos analisados. Pensando assim, posso assegurar que minhas relações são maduras e produtivas. Tenho uma escuta ativa bem desenvolvida, valorizo os sentimentos dos outros, respeito a opinião do outro, mesmo que seja contrária à minha, e, quando pedem para mudar meu comportamento inadequado, agradeço o *feedback* e mudo (o comportamento), se for o caso. Se ouço um **não** do outro, avalio sua procedência. Se for pertinente, aceito sem raiva e trabalho bem minhas frustrações. Se não for pertinente, peço que me convença ou argumento para mostrar meu posicionamento.

( ) sempre ( ) às vezes ( ) raramente

REFLEXÕES

Vamos conferir como andam seus direitos. Saiba, porém, que este questionário foi elaborado especialmente para esta reflexão, não tendo comprovação científica:

1 - Envolva com um círculo o ponto correspondente à sua resposta.

2 - Em seguida, verifique o total de pontos e confira com a tabela de pontuação.

DIREITOS	Sempre	Às vezes	Raramente
Questão 1	3	2	1
Questão 2	3	2	1
Questão 3	3	2	1
Questão 4	3	2	1
Questão 5	3	2	1
Questão 6	3	2	1
Questão 7	3	2	1
Questão 8	3	2	1
Questão 9	3	2	1
Questão 10	3	2	1
Questão 11	30	20	10

Total de pontos

20 A 35 PONTOS: Você pode estar contaminado pelo vírus das emoções negativas, o que o deixa vulnerável às toxinas típicas do ambiente de trabalho. Estando à mercê de terceiros, seu modelo mental e seu estilo emocional enrijecem-se e sofrem com suas estratégias

defensivas para sobreviver no ambiente de trabalho. Liberte-se das crenças irracionais e não permita que erros cognitivos sejam determinantes em sua carreira profissional e vida pessoal. Permita-se sentir seus sentimentos e não tenha receio de olhar dentro da mente e descobrir seu verdadeiro eu.

36 A 50 PONTOS: Existem algumas crenças que estão atrapalhando sua desenvoltura comportamental, sua liberdade emocional e sua saúde mental, impedindo-lhe de ter bons pensamentos e, por consequência, bons resultados no trabalho. Emoções mal administradas atrapalham a criatividade e a espontaneidade, as relações de parceria e interdependência, características importantes para fazer a diferença na carreira e na vida pessoal.

51 A 60 PONTOS: Você expressa suas emoções de forma saudável, o que lhe dá liberdade emocional e um estado mental positivo. Como consequência, suas interações são claras, transparentes, maduras e produtivas, pois, à medida que as emoções são bem expressas, os sentimentos e pensamentos são positivos e as situações, bem resolvidas. Sua credibilidade é invejável.

Avalie as questões com respostas que contrariam seus direitos e determine quais as crenças irracionais que estão atrapalhando sua autoconfiança.

Pense no que fazer para atingir 100% no uso de seus direitos para melhorar sua autoestima e, consequentemente, suas necessidades de adequação e aceitação no ambiente em que vive.

Essa avaliação permite que você tenha melhor compreensão de seus comportamentos e de como se comunica, quando a raiva, o medo ou a tristeza está no controle da situação.

Permite também perceber que sua linguagem se torna positiva, quando você está no controle de suas emoções.

ESTILOS DE COMPORTAMENTOS DEFENSIVOS NA EXPRESSÃO DAS EMOÇÕES

Quando as emoções são expressas negativamente, significa que seu comportamento é defensivo e, quando são expressas produtivamente através de uma ação responsável e equilibrada, significa que seu comportamento é assertivo.

Vamos entender melhor como uma pessoa dominada pelo sistema límbico se comunica através do comportamento defensivo e como um comportamento assertivo pode equilibrar seu estilo emocional.

Existem três estilos de comportamento defensivo: passivo, manipulador e agressivo.

Passivo

Dominado pela emoção MEDO, normalmente esse estilo de comportamento usa uma linguagem extremamente cuidadosa e não violenta com o outro, porém é violenta consigo mesmo, pois cede seus direitos em prol do outro.

O ouvido desse estilo é passivo, ou seja, escuta apenas aquilo que possa lhe causar segurança e o menor risco possível.

O ouvir seletivo determina sua forma de expressão, de sua linguagem reativa, verbal e não verbal.

Exemplos de frases:

- Não tem problema, pode deixar que eu faço.
- Desculpe-me, não queria incomodar.
- Amanhã, vejo a solução.
- Por favor, você poderia fazer esse favor, se não for incômodo?
- Eu não tenho culpa; foi a empresa que determinou.
- Eu não tenho problema com você, mas o diretor quer que você mude seu comportamento.

- Eu não atingi as metas porque não tive o apoio da equipe.
- Eu bem que avisei, mas ninguém me ouviu.
- Ah, como eu gostaria de ser promovido, mas meu chefe nem me vê.
- Veja bem, eu fiz minha parte. Eu não sei o porquê das outras áreas não completarem o processo.
- Não tem problema, pode deixar que termino o trabalho no fim de semana.
- Eu parei meus estudos porque não consigo sair no horário.
- Meu chefe não percebe que preciso sair no horário.
- Não tenho tempo para cuidar da saúde.
- Eu fiz o que você mandou.
- Imagine! Pode usar meu computador o quanto quiser, eu espero. Posso ficar depois do expediente.
- Desculpe se estou tomando seu tempo.
- Ai, **tenho que** fazer esse trabalho!
- Ah, você não conseguiu fazer o relatório que prometeu? Não tem problema. Para quando você acredita ser possível? Ah, você tem outras prioridades? Então, deixe que eu faço.

Podemos perceber que, por trás dessa linguagem passiva, existe uma expectativa de reciprocidade; ou seja, a pessoa se posiciona passivamente na situação, sendo agradável e condescendente com o problema e com o outro, esperando, com isso, que o outro também faça a mesma coisa. O que é pior, normalmente essa reciprocidade não acontece, levando a pessoa passiva a sentir a famosa **raiva** de si e do outro. Com o passar do tempo, a raiva acumulada torna-se mágoa, o que leva a pessoa a concluir que não vale a pena ser boazinha. Nem sempre, porém, vai para o ataque direto, pois uma postura explosiva no trabalho não é politicamente correta.

Pelo fato de bloquear a liberdade de expressão verdadeira de sentimentos, opiniões e necessidades, o comportamento passivo pode ser substituído pelo comportamento dissimulado e manipulador, buscando influenciar as pessoas e atingir os objetivos.

Manipulador

O comportamento manipulador utiliza uma comunicação que passa duas mensagens simultâneas, com intenções diferentes, o que dificulta o entendimento pela falta de clareza e transparência. Na verdade, os sentimentos negativos guardados estimulam a pessoa a "cuspir" a raiva em doses homeopáticas, refletindo um acerto de contas constante e sem fim.

Como emissor, esse estilo faz insinuações, quando quer dizer algo que está incomodando; se questionado, não assume a verdadeira intenção:

- Honestamente? Eu, se fosse você, prestava mais atenção na fulana. Eu não sei não, mas parece...

Esse estilo usa a sedução quando quer conseguir favor, permissão ou mesmo quando quer a aceitação do outro, pois acredita que só atingirá seu objetivo se agradar o seu interlocutor.

Exemplos:

- Olhe o presentinho que trouxe para você! É sua cara!
- Como você está bonita! Que alegria vê-la! Você me faz um favorzinho?

Se não tiver reciprocidade, sente-se contrariado e pode partir para a chantagem emocional, como:

1 - Poxa, fiz um sacrifício para achar esse presente e agora você não quer me dar uma força? Sempre me lembro de você e não tenho retribuição!

Esse estilo também possui uma faceta de jogador, e seu jogo predileto é jogar com a vida das pessoas, colocando umas contra as outras, distorcendo os fatos a seu favor e contra os interesses dos outros.

Os alvos prediletos desse estilo são as pessoas frágeis e carentes, as desinformadas e as tomadas por emoções negativas, como raiva, inveja e ciúme. Normalmente, são presas fáceis de suas intenções manipuladoras. As pessoas fortalecidas, por outro lado, não se deixam ser facilmente manipuladas e se protegem com firmeza e autoconfiança.

Cabe aqui uma ressalva: existem pessoas que engolem muitos sapos, sentem-se ameaçadas, não têm coragem de enfrentar os conflitos e se comunicam com insinuações e ruminações, porém não têm a faceta manipuladora e sedutora. Se confrontadas, voltam para o estilo passivo, retraindo-se e fechando-se em seu mundo, até o momento de não suportar mais o isolamento e partir para novas insinuações.

Como ouvinte, esse estilo presta atenção nos pontos fracos, nas necessidades e nos interesses das pessoas e os guarda no banco de dados de sua mente, para uso próprio. Em seu planejamento, utiliza as informações obtidas sobre a pessoa, criando argumentos emocionais para fisgá-la.

Bem, uma pessoa não consegue se equilibrar em jogos de sedução e manipulação todo o tempo, pois suas intenções não são expressas diretamente e por inteiro. Quanto mais tempo durar a repressão dos sentimentos negativos, mais agressivo será o esvaziamento emocional da pessoa. É a comunicação agressiva, marcada pelo ataque e pela invasão do espaço territorial do outro.

AGRESSIVO

O comportamento agressivo é usado para exprimir a raiva do passado, do presente e do futuro. É o acerto de contas definitivo, em que a intenção é aliviar o estado emocional, porque não existe espaço para mais ressentimentos.

Sua comunicação pode ser caracterizada simplesmente por um **não** malfalado, uma crítica no momento errado, uma dificuldade de ouvir o outro, um ato de exclusão, chegando até a explosão em forma de fúria.

Como emissor, esse comportamento utiliza uma estrutura de linguagem conflitante e que culpabiliza seu interlocutor. Exemplos:

- Você viu a besteira que fez no relatório?
- Você atrasou minha vida.
- Percebi que fulano não ia dar conta, por isso fiz minha parte. Agora, você vai cobrar o resultado dele, pois não tenho nada com isso. O problema não é meu.

- Olhe, acho que você não entendeu. Quem está pedindo é o diretor.
- Fulano é tão burro, que é melhor escrever passo a passo.

Com frequência, usa o verbo no imperativo e a primeira pessoa do singular ("eu quero") para expressar seus desejos e necessidades.

Quando um erro acontece, esse estilo culpa seu interlocutor, usando a terceira pessoa do singular ("você é um incompetente!") em tom de crítica. Além disso, faz julgamentos, normalmente preconceituosos ("não confio no fulano porque ele não olha em meus olhos"), e críticas generalizadas, sem ser específico ("você só faz coisas erradas e chega sempre atrasado").

Seu ouvido torna-se vulnerável pelo medo de perder a guerra e pela raiva de ter perdido alguma batalha, impedindo-o de ouvir as ideias, os desejos e as necessidades de seu interlocutor.

Exemplos:

- Nem quero ouvir o final, pois já sei o que aconteceu.
- Pode parar, você está falando bobagem.
- Você pensa que meu ouvido é "penico"?
- O que você pensa realmente não me interessa.

Esses são os três tipos de comportamento defensivo que aparecem nas pessoas, consequência da excessiva estimulação da amígdala, no sistema límbico, ao se comunicar com todo o corpo, preparando-se para enfrentar ou fugir das ameaças do ambiente. O pensamento negativo existente comprova o perigo iminente, ativando mais ainda a amígdala. Conclusão: o emocional dominante impede que o pré-frontal pense com lucidez em outras formas mais realistas de ver a situação.

Uma pessoa que adota o comportamento defensivo como estilo de vida, provavelmente, será dominada pela tristeza, podendo evoluir para outros transtornos mais sérios, como depressão, síndrome do pânico, ansiedade generalizada e outros.

REFLEXÕES

Pense e responda. Como a comunicação defensiva impacta no estilo emocional?

Confronte os seus resultados nas seis dimensões do estilo emocional e verifique o quanto sua comunicação defensiva tem impactado em cada uma delas e vice-versa:

Resiliência: ______________________________

Atitude: ______________________________

Intuição social: ______________________________

Autopercepção: ______________________________

Sensibilidade ao contexto: ______________________________

Atenção: ______________________________

ESTILO DE COMPORTAMENTO ASSERTIVO E A EXPRESSÃO DAS EMOÇÕES

É um comportamento usado pelo profissional que apresenta um estilo emocional equilibrado, guiado por crenças racionais e que enfrenta suas crenças irracionais com coragem e autoconsciência, sempre pensando em seu autoconhecimento.

Como emissor, usa comunicação não violenta, caracterizada pela linguagem que se preocupa com o respeito mútuo, que descreve e analisa o problema sem atacar a pessoa, que busca solução e não culpados, que parte de um pensamento racional e otimista e estimula a cooperação do outro no processo de comunicação. Diz não com a mesma facilidade que diz sim e negocia quando percebe que alcançar seus objetivos depende da satisfação dos interesses do seu interlocutor.

O comportamento assertivo é estratégico, ético e responsável, pois uma pessoa que usa esse estilo escolhe a hora certa, o momento certo e o local certo para resolver um conflito; as palavras usadas mostram que o emissor se responsabiliza por tudo que comunica, tanto que, quando quer expressar sua raiva, o emissor usa a primeira pessoa do singular, assumindo para si total responsabilidade pelo sentimento negativo, e usa linguagem direta e clara, ao dizer o que o outro faz que lhe causa a devida raiva. Para finalizar, com o comportamento assertivo, a pessoa propõe alternativas para um relacionamento sadio, deixando claros os limites desejados.

Esse estilo expressa a raiva, o medo e a tristeza eficazmente, demonstrando que tem o emocional e o mental sob total controle. Dessa forma, sabe administrar seu cérebro e sente o que é a emoção "alegria" por possuir um emocional, na maioria das vezes, bem resolvido.

Dizemos que uma pessoa assertiva usa o bom senso para tomar decisões. Isso é verdade porque ativa adequadamente os dois lados do pré-frontal.

A ativação do pré-frontal resulta em decisões maduras e responsáveis, demonstrando o uso da razão para equilibrar a emoção.

É o sensato exercício de análise de custos e benefícios e os prós e contras de uma decisão, que só é possível com a baixa ativação da amígdala.

Vejamos algumas técnicas da comunicação para baixar a ativação da amígdala e retomar o controle da situação, com o uso do freio emocional e ativação do pré-frontal. Isso é possível porque o resultado é eficaz, o que traz satisfação e energia positiva nas interações humanas.

A comunicação assertiva é uma ferramenta essencial para sentir emoções inteligentes no profissional e no pessoal.

TÉCNICAS DA COMUNICAÇÃO ASSERTIVA

a - Autoafirmação

Se você quiser sentir a emoção alegria, seja firme e assertivo para expressar seu desconforto e suas emoções. Utilize a técnica da autoafirmação, em seis passos:

PASSO 1: Use a primeira pessoa do singular: eu.

PASSO 2: Expresse seu desconforto: eu não gosto, eu não me sinto bem.

PASSO 3: Expresse o comportamento do outro que causou esse desconforto: você toma decisões em meu trabalho e não me consulta.

PASSO 4: Expresse as consequências da situação: quando você faz isso, fico excluído do processo.

PASSO 5: Mostre os benefícios da mudança de comportamento: se você me consultar antes, posso contribuir mais.

PASSO 6: Peça para que o outro adote o novo comportamento: por isso, peço-lhe que me consulte antes de tomar uma decisão que envolva meu trabalho.

b - Colocar limites

Para colocar limites, utilize o verbo no imperativo e deixe clara a situação:

- Não gosto que use meu carro sem me comunicar. Quero que me avise antes de pegá-lo para decidir se quero ou não emprestá-lo.

c - Dizer não

Para dizer **não**, use uma linguagem generosa, direta e objetiva:

- Hoje não posso almoçar com você.
- Eu agradeço, mas não quero comprar seu produto.

d - Resolver problemas

Para resolver um problema com alguém, descreva o problema, entenda as causas, busque a solução e o comprometimento e não ataque a pessoa. No fim, deixe claras suas expectativas:

- Hoje, houve um erro no setor de produção, que é de sua responsabilidade. A tinta estava fraca e a impressão ficou ruim, estragando dois mil exemplares. O que houve? O que você pode fazer para corrigir o problema? Daqui para frente, o que você fará para o problema não mais ocorrer?

Ótimo! Eu espero que o problema seja resolvido em até cinco dias úteis.

e - Linguagem positiva

O profissional assertivo usa uma linguagem não violenta e positiva porque tem bons pensamentos e bons sentimentos. Veja um exemplo:

"Vejo que temos visões diferentes sobre o projeto. Acredito, porém, que seja interessante que nosso relacionamento profissional seja focado no interesse da empresa. Vamos deixar de lado as nossas divergências pessoais. Assim, proponho alinharmos as metas, semanalmente."

Essa linguagem cuida para não provocar bloqueios no ouvinte e você pode dizer tudo que quer e precisa, sem rodeios e estresse.

f - Neutralizar a raiva do outro

Como ouvinte, o profissional com o comportamento assertivo compreende o ponto de vista do outro, mesmo discordando de sua opinião, porque entende que as pessoas pensam a partir de suas crenças pessoais. Por isso, acredita que o outro tem o direito de se explicar, mostrando o porquê do comportamento. Dessa forma, usa a escuta ativa para vincular pessoas e chegar a soluções criativas, efetivas e que atendam aos interesses das partes envolvidas. Como? Pedindo mais explicações, repetindo e resumindo o que o outro falou, dizendo expressões que demonstram seu interesse pelo outro, como por exemplo "Eu compreendo... Eu consigo sentir o que você sente... Eu imagino o que sente... O que posso fazer para ajudar... O que você pretende fazer agora..." e propondo soluções de benefícios mútuos.

Existem muitas indagações sobre a utilização do comportamento assertivo e de atitudes positivas para resolver os conflitos do dia a dia do trabalho com uma postura responsável e saudável.

Algumas perguntas e respostas:

Pergunta 1: A raiva impacta na autoestima?

Sim, a raiva mal resolvida impacta diretamente na autoestima porque, quando a raiva se acumula, a pessoa alimenta a autoimagem com informações negativas.

Se você está com a autoestima baixa e diz "eu não posso", enviará uma mensagem negativa ao outro de que vai falhar. Você será visto como alguém que não pode realmente e, portanto, vai falhar. Se você, por outro lado, tem a autoestima equilibrada, dirá "eu posso" e será visto como alguém bem-sucedido e capaz. Por isso, é interessante adotar a linguagem positiva em todos os relacionamentos, inclusive para administrar a raiva.

Pergunta 2: Como encarar uma crítica severa do gestor sem explodir de raiva?

A premissa básica é transformar a crítica em *feedback* construtivo.

Explodir ou engolir sapos e mais sapos realmente não é boa alternativa, além de prejudicar a saúde física, mental e emocional. Por isso, é melhor ajudar seu gestor a dar *feedback* e não a fazer críticas destrutivas.

Para encarar uma crítica severa, utilize um comportamento de enfrentamento, e não um comportamento esquivo ou ofensivo.

Caso você perceba, na comunicação de seu gestor, uma crítica generalizada, preconceituosa e avaliadora, que lhe dá a impressão de que você é errado e incompetente, tire o foco de você e aja com o foco na solução do problema.

Quando ele fizer uma crítica severa, mude seu pensamento. Pense que a crítica é com o trabalho e não com você. Assim, você vai preservar seu eu e vai aumentar seu controle emocional. Dessa forma, você pode focar a atenção no problema e fazer perguntas esclarecedoras para dimensionar o tamanho e o impacto do erro apontado pelo gestor.

Coloque-se numa postura atenta, aberta e focada, escute e pense em tudo o que ele está falando. Ouça, porém, com desprendimento.

Use a técnica de perguntas esclarecedoras para dimensionar o real problema, o tamanho e impacto: quando o erro aconteceu? Quantas vezes o erro aconteceu? Onde está errado? Quais são suas expectativas? Em que situação o erro foi cometido? Se ele não conseguir dar fatos e dados para dimensionar o problema, é porque ele generalizou e exagerou. Você e seu gestor perceberão que o problema é bem menor do que foi apresentado. Com o passar do tempo, seu gestor vai melhorar a forma de se comunicar com você.

Deixe claro para ele que o motivo das perguntas não é para confrontá-lo, e sim para corrigir o erro e atender às suas expectativas, caso contrário, ficará difícil para você acertar e dar o melhor de si no trabalho.

Por último, se você achar conveniente, aproveite e converse com seu gestor sobre o impacto que o jeito de ele criticar seu trabalho tem em você.

Depois de resolvido o erro no trabalho, solucione o problema do incômodo emocional que está lhe causando a crítica severa do gestor, podendo ser logo em seguida ou depois, quando estiverem mais tranquilos. Procure-o, num momento adequado, sem deixar passar muito tempo do evento, e converse com ele: seja objetivo, claro, direto, firme, educado, respeitoso e use a técnica da afirmação do EU, em seis passos:

PASSO 1: Descreva a situação.

PASSO 2: Use a primeira pessoa do singular (EU).

PASSO 3: Diga o que você está sentindo, pensando ou precisando.

PASSO 4: Diga qual é o comportamento dele que está lhe causando conflito.

PASSO 5: Peça-lhe para agir diferente com você. Proponha uma nova maneira de relacionamento entre vocês ou pergunte o que ele poderia fazer para ajudá-lo a não se sentir daquele jeito, que lhe causa mal-estar. Mostre-lhe os benefícios que os dois lados — e principalmente ele — terão, se a nova forma de relacionamento for aceita.

PASSO 6: Comprometa-se com a nova forma de relacionamento e agradeça a colaboração do gestor.

Veja este exemplo: "Quando você faz uma crítica severa, eu me sinto mal e a sensação que tenho é que sou totalmente incompetente. Assim, não consigo nem ouvir bem sua crítica. Na verdade, meu objetivo é cumprir meu papel e agregar valor ao trabalho. Aproveitarei melhor seu *feedback* se for direto, específico e falar de meu comportamento inadequado, e não de mim. Por meu lado, comprometo-me a dar o melhor de mim para agregar valor a nossa área. Agradeço muito sua compreensão e apoio."

Ajude seu gestor a ajudá-lo. Dessa maneira, você verá que não precisa explodir e perder a razão.

Pergunta 3: Como ser firme e não deixar o medo e a raiva tomarem conta quando me deparo com um colega que usa linguagem agressiva comigo?

Deixe claro que não gosta da forma como ele fala com você. Sugira que fale a verdade e seja direto, sem levantar a voz e sem culpá-lo. Ensine-o a usar a técnica de afirmação do eu.

Pergunta 4: Como não ser fisgado pela emoção negativa diante de um comportamento manipulador?

1 - Primeiro, constate que o outro está se portando de forma dissimulada.
2 - Depois, opte por não ser manipulador.
3 - Use o seu direito — você tem o direito de tomar as próprias decisões. Você tem o direito de julgar e controlar seus pensamentos, sentimentos e comportamentos, independentemente do que os outros pensam e fazem.
4 - Separe a pessoa que manipula e o conteúdo da mensagem. Reaja ao conteúdo, concordando ou discordando, o que for mais pertinente. Isso ajuda a manter uma atitude interna firme e autoconfiante, sem necessidade de violar seus códigos de ética.

Pergunta 5: Quando digo *não*, me sinto culpado e arrependido, o que me deixa com muita raiva de mim e medo da rejeição do colega. Como dizer *não* e me sentir bem?

Com quem e quando você tem dificuldade de dizer não? Normalmente, a resposta é a seguinte:

"Se for uma pessoa que mal conheço e não tenho ligação nenhuma, não tenho dificuldade. Se, porém, for alguém que tenho ligação afetiva ou profissional, aí fica difícil dizer não. Quando digo, fico me justificando, mostrando ao outro que não sou responsável pelo não, pois a situação me obriga a dizê-lo. Agora, se estou com raiva do outro e me sinto lesado, aí o não sai facilmente, porém impulsionado pela emoção da raiva e não administrado por minha vontade. Mais tarde, vem o arrependimento e volto atrás na negativa."

Na verdade, aprendemos desde pequenos, que a palavra **não** é uma comunicação violenta que agride as pessoas. Não deixa de ser verdade, pois o **não** é uma negativa ao outro e implica a frustração de alguém.

O segredo de dizer não para alguém é entender que o não é para a situação/coisa, e não é uma negativa ao ser humano que é o outro; ou seja, diante de um problema que exige o **não**, você pode e deve ser duro com o problema em si e delicado/educado com a pessoa. Até para dizer algo de que não está gostando, você pode dizer não calmamente e com educação, porém com firmeza e autoconfiança naquilo que pensa e sente.

O segredo está em **separar a pessoa do problema**, ao dizer o **não**: "uma coisa é não querer sair hoje com você; outra coisa é não gostar de você".

Negocie o não: Se o **não** vai atender só ao seu interesse e vai prejudicar o outro, negocie com ele, por exemplo, definindo prioridades.

Se o outro não desistir depois de seu **não**, use a técnica do **disco quebrado**, repetindo sua posição, sem alterar o tom de voz, assim: "não posso fazer agora, não posso fazer agora", assim por diante.

Pergunta 6: Por que devo agir com compaixão e ter empatia se o outro não faz nada disso comigo? Devo passar por bobo e ingênuo no relacionamento com colegas egoístas?

A compaixão é um dos elementos mais importantes na atitude humana. É o sentimento de interesse pelo outro, básico, para ter empatia, tão apregoada nas relações de trabalho.

Dalai Lama diz que, para ser autêntica, a compaixão deve ser imparcial e basear-se no **respeito pelo outro e na compreensão de que os outros, tal como nós, têm o direito de ser felizes e de acabar com o sofrimento**. A partir daí, porque tomamos consciência de seu sofrimento, desenvolvemos um verdadeiro sentimento de preocupação pelo outro. Chamamos compaixão o sentimento de interesse pelos outros, que se estende a todos, independentemente da atitude amigável ou hostil que possam ter por nós.

Ao incluir a virtude da compaixão no rol de suas competências pessoais e profissionais, você se sente responsável pelos outros e, assim, se coloca acima de qualquer intriga, aumentando sua visão integrada do negócio e das pessoas. A compaixão lhe dá uma grande força interior, aumentando sua autoconfiança e, automaticamente, reduzindo seu medo. Por outro lado, o cultivo de um ambiente competitivo, com base em uma atitude de compaixão no trabalho, acaba gerando uma relação não violenta entre os colegas.

Uma relação não violenta significa diálogo, que, por sua vez, significa compromisso: ouvir a opinião dos outros e respeitar os direitos dos outros, num espírito de reconciliação. Ninguém sai vencedor ou perdedor, o que colabora para a emoção negativa ser útil e necessária, quando houver.

REFLEXÕES

Analise sua comunicação frente ao seu estilo emocional e responda:

Como a comunicação assertiva pode me ajudar no fortalecimento de cada uma das dimensões do meu estilo emocional?

Resiliência: ______________________________

Atitude: ______________________________

Intuição social: ______________________________

Autopercepção: ______________________________

Sensibilidade ao contexto: ______________________________

Atenção: ______________________________

Capítulo 7

VIRANDO A PRÓPRIA MESA: TÉCNICAS DE AUTOGESTÃO PARA MUDANÇA DE HÁBITOS E GESTÃO EMOCIONAL

Vimos que pessoas emocionalmente maduras são eficazes na administração de suas emoções e, consequentemente, apresentam comportamentos produtivos. Possuem liberdade emocional para se expressar com naturalidade e permitir que os outros também se expressem; ou seja, as relações são bem resolvidas e produtivas. São pessoas que têm bons pensamentos, bons sentimentos e bons comportamentos.

Por outro lado, pessoas que não têm maturidade emocional, normalmente se protegem com comportamentos defensivos, expressando-se para dentro, engolindo suas emoções, pensamentos e desejos, ou para fora, liberando-os com agressividade.

Quero falar com o leitor consciente da importância do autodesenvolvimento e que se sente motivado a desafiar-se na bonita e gratificante tarefa de evoluir emocionalmente para tornar-se uma pessoa melhor.

Como podemos evoluir em nosso estilo emocional?

- Aumentando nossa consciência em relação ao que pensamos e sentimos, quando estamos vivendo circunstâncias desgastantes no cotidiano.
- Avaliando essas reações à luz dos fatos objetivos dessa situação.
- Tomando uma decisão racional para reduzir nossos medos, nossas raivas, nossas tristezas ou tomar medidas para modificar aquilo que está nos estressando.

Por isso, além das dicas já oferecidas em cada um dos capítulos, propomos mais algumas técnicas específicas, que cuidam tanto do corpo como do conteúdo emocional. As técnicas são dirigidas para a neutralização dos impactos negativos das emoções na saúde mental, física, emocional e comportamental e a manutenção do estado de felicidade.

Vamos separar as técnicas em dois grupos: aquelas que intervêm para o fortalecimento do organismo e as que atuam no fortalecimento mental.

TÉCNICAS PARA FORTALECIMENTO DO ORGANISMO

Vamos falar dos cuidados com o organismo. A intenção é desenvolver atividades que diminuam a atividade límbica excessiva, acalmando o cérebro e o estado emocional e estimulando o organismo a produzir os hormônios e neurotransmissores que causam sensação de prazer, motivação, recompensa e bem-estar, como endorfinas, dopamina, serotonina e oxitocina, para melhorar os sistemas imunológico, nervoso e o endócrino, atraindo os sentimentos positivos.

As técnicas e as ações responsáveis possuem uma abordagem positiva e de fortalecimento porque focam a saúde e não a doença, principalmente aquelas técnicas que têm um resultado preventivo.

Veja algumas ações responsáveis que você pode adotar no cotidiano para tornar seus dias mais gratificantes e, é claro, sua saúde em alta. Além disso, pessoas que praticam as ações propostas têm mais abertura para reavaliar suas crenças irracionais e mudar seus pensamentos distorcidos, porque essas ações suavizam a inflexibilidade e a dureza mental e emocional.

Assim, sugerimos:

- Atividades que acalmam o cérebro e o coração e propiciem sensações de prazer, como dançar, cantar, assistir a bons filmes, ouvir música que faça bem aos ouvidos, olhar a natureza para registrar cenas bonitas no cérebro e ler livros interessantes e atuais, que colaboram para a revisão de valores e crenças.

- Você pode cuidar do cérebro e estimular o bom funcionamento do organismo fazendo relaxamento físico e mental, através da prática da ioga e meditação.
- Exercício físico, alongamento e caminhada promovem bem-estar em função da produção de endorfinas, que neutralizam as toxinas, além de acalmar as ondas cerebrais e oxigenar o sangue.
- Boa alimentação: a alimentação adequada pode ter um efeito calmante. Aqui vão algumas sugestões:

  — Reduza o sódio, que contribui para aumentar a pressão.

  — Coma mais complexo de carboidratos para ajudar a manter a energia que a raiva esgota.

  — Evite comer para conter a raiva.

  — Coma vagarosamente, num lugar tranquilo, olhando e curtindo o sabor de cada alimento e não ocupe sua mente com outra atividade simultânea.
- Dar boas risadas ativa o sistema cardiovascular, melhorando a frequência cardíaca. Os vasos dilatam-se e a pressão diminui. Quando você ri, seu cérebro libera endorfinas, substâncias que lhe dão a sensação de bem-estar. Mais ainda, as contrações curtas e fortes nos músculos do diafragma e do abdome melhoram a irrigação dos órgãos internos, além do sangue ser mais bem oxigenado.
- Conversar com amigos — a amizade faz bem e promove bem-estar porque o organismo produz mais o hormônio das relações interpessoais, chamado oxitocina.
- Focar seu pensamento e viver 100% do momento presente para diminuir a ansiedade.

Exercício de respiração diafragmática e relaxamento progressivo

A seguir, é apresentado o roteiro utilizado na Unidade de Medicina Comportamental do Departamento de Psicobiologia da Unifesp, que constitui um procedimento modificado daquele proposto por Jacobson (1976).

Este roteiro servirá para seu treinamento individual, devendo ser realizado preferencialmente todos os dias. Trata-se de um roteiro de exercícios, que deverá ser realizado o mais automaticamente possível, quando necessário (ao se sentir tenso, ansioso, com insônia etc.). Aprenda a realizá-lo na posição deitada, inicialmente, e, posteriormente, na posição sentada. Repita cada movimento duas ou três vezes. Cada movimento deverá durar cerca de 10 segundos. Procure perceber o melhor possível o estado do músculo que você estiver tensionando ou relaxando. Procure não pensar ou se preocupar com coisa alguma. Apenas se concentre na atividade de relaxamento.

Focalize sua atenção em sua respiração ou nas regiões do corpo com as quais você lidará durante o procedimento.

1 - Sentado confortavelmente, com as mãos apoiadas nas coxas e pernas ligeiramente afastadas, as palmas das mãos voltadas para baixo, ombros relaxados, feche os olhos e respire tranquila e profundamente. Procure efetuar os movimentos respiratórios, de tal forma que haja pouco movimento torácico e mais movimentos abdominais. Ao inspirar, expanda o abdome (encher a barriga) e, ao soltar o ar, sinta a barriga se esvaziando. Procure manter a atenção focalizada nos movimentos respiratórios. Na inspiração, conte mentalmente quatro tempos, retenha o ar por dois tempos e expire durante cinco tempos. Reinicie os movimentos, após deixar os pulmões vazios por dois tempos. Faça esse exercício de respiração por cerca de 5 minutos.

2 - Mantendo todo o corpo relaxado, focalize a atenção no braço direito. Dobre o pulso, forçando ligeiramente a mão direita para trás. Mantenha essa posição por uns dez segundos e sinta que os músculos do braço estão tensos. Em seguida, volte a mão à posição original de repouso (relaxada). Respire profunda e calmamente, solte o ar lentamente e relaxe enquanto solta o ar. Efetue a respiração por três vezes e repita o exercício.

3 - Mantendo o corpo relaxado, respirando tranquilamente, dobre a mão na altura do pulso para dentro, em direção ao corpo, e perceba a tensão no braço. Mantenha o corpo relaxado, tensionando somente o braço direito. Pare de forçar e relaxe todo o braço. Respire calmamente por três vezes. Repita o exercício.

4 - Ainda focalizando a atenção no braço direito, feche a mão direita mais ou menos fortemente, dobre o braço em direção ao ombro, mantendo os dedos voltados em direção ao corpo. Sinta a tensão que se forma em todo o braço direito. Procure manter todo o resto do corpo relaxado. Respire calmamente por três vezes e repita o exercício.

5 - Repita os mesmos exercícios com o braço esquerdo, mantendo o restante do corpo o mais relaxado que você puder.

6 - Focalize a atenção na perna direita. Procure manter todo o corpo relaxado, force as pontas dos dedos do pé direito na superfície de apoio, levantando o calcanhar, forçando um pouco como se estivesse empurrando algo e perceba toda a tensão que se forma na parte frontal de sua perna. Volte à posição anterior. Respire calmamente por três vezes e, à medida que solta o ar, relaxe cada vez mais.

7 - Flexione o pé direito para trás, apoiando o calcanhar na superfície de apoio, forçando um pouco. Sinta a tensão que se forma na perna direita. Mantenha a posição por uns dez segundos e volte o pé à posição anterior. Respire como fez anteriormente.

8 - Mantendo todo o corpo relaxado, focalize a atenção para a perna esquerda. Efetue, de forma semelhante, os exercícios 6 e 7 com a perna esquerda.

9 - Mantendo todo o corpo relaxado, force os ombros em direção às orelhas, respirando tranquilamente. Perceba a tensão nos ombros. Volte à posição anterior (ombros relaxados), movimente os ombros efetuando movimento rotatório e relaxe. Tente perceber a diferença. Respire tranquilamente.

10 - Focalize sua atenção no rosto. Franza a testa, como se estivesse preocupado. Mantenha essa posição por cerca de dez segundos. Perceba a tensão que se forma na testa. Relaxe a testa e sinta a diferença. Respire calmamente. Repita o exercício.

11 - Cerre os dentes e faça movimentos de “mastigar”. Sinta a tensão que se forma no músculo da mastigação. Solte e relaxe. Respire calmamente como anteriormente.

12 - Procure manter todo o corpo relaxado, respirando tranquilamente e sem nenhuma preocupação. Fique nessa posição por cerca de 2 minutos, sentindo todo o corpo relaxado. Encerre o relaxamento gradativamente, respirando mais profundamente por duas vezes, abrindo lentamente os olhos e se espreguiçando descontraidamente. Permaneça por mais alguns segundos com o corpo relaxado.

Cuidar do físico é bom, mas não é suficiente. Você deve fortalecer seus pontos emocionais mais vulneráveis e que funcionam como estímulos aos gatilhos da raiva.

TÉCNICAS PARA O FORTALECIMENTO MENTAL

O fortalecimento mental deve ser feito através de técnicas de intervenção cognitiva e comportamental na administração das emoções. As denominadas técnicas cognitivas e comportamentais constituem hoje várias modalidades de procedimentos, utilizados no sentido de mudar comportamentos improdutivos. Fundamenta-se no princípio de que a maioria dos problemas emocionais que afetam o homem resulta de crenças, pensamentos ou comportamentos aprendidos.

Estratégia de Intervenção Cognitiva

Propõe a intervenção nas crenças irracionais e nas distorções de pensamentos que estimulam nossas emoções negativas. Nossas emoções decorrem, em geral, de pensamentos automáticos, originados de nossas crenças, e são realimentados pela percepção da realidade. Como consequência, se desejo mudar as emoções que me trazem sofrimento, devo mudar a forma de pensar, as crenças e pressuposições disfuncionais, ou seja, promover a ressignificação dos acontecimentos passados. Essa estratégia se baseia nos pensamentos teóricos de Albert Ellis e Aaron Beck, já conhecidos por nós.

Estratégia de Intervenção Comportamental

O foco é o comportamento. Esta estratégia parte da premissa que, ao tomar consciência do comportamento improdutivo e seu impacto negativo, a pessoa pode desenvolver e adotar um novo comportamento, através da observação do comportamento modelo de outras pessoas; aprendizagem facilitada pelo neurônio-espelho.

Essa estratégia se baseia na teoria cognitiva social de Albert Bandura, psicólogo canadense que, diferente de Skinner, vê o comportamento humano com a influência cognitiva. Acredita que a pessoa modifica seu comportamento durante a interação com as pessoas, sem necessidade de ser reforçado, pois, através de processos cognitivos, consegue identificar prós e contras de cada comportamento e, por si, decidir mudar.

Ao processo de aprendizagem, ele dá o nome de modelagem, constituída de quatro passos para aquisição do novo comportamento: atenção, retenção, produção e motivação.

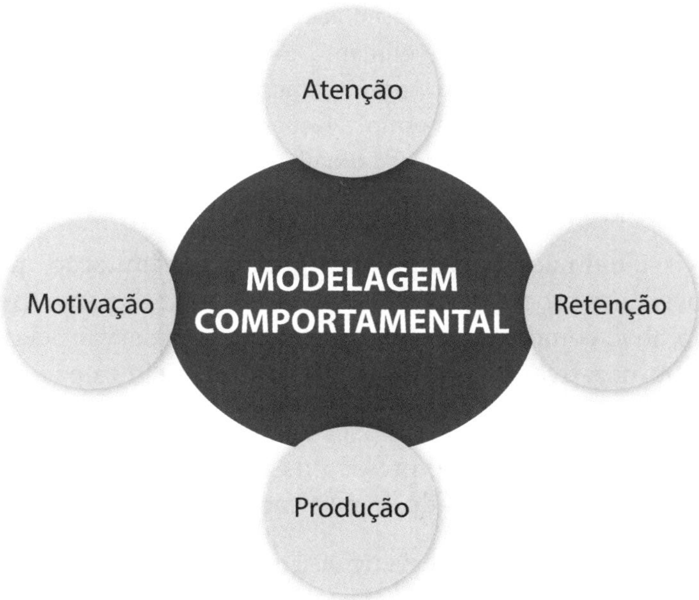

Figura 7.1 — Modelagem comportamental

- Atenção: prestar toda a atenção ao observar o novo comportamento de alguém que servirá de modelo. Atenção é o processo que possibilita a otimização da aprendizagem. Para haver aprendizagem, é preciso prestar atenção a elementos significativos do comportamento.
- Retenção: um comportamento só pode ser aprendido se for armazenado no sistema cognitivo.
- Produção: incorporar o modelo observado e ser capaz de repeti-lo em forma de ação. São requeridas diferentes capacidades e habilidades para colocar um conhecimento em prática.
- Motivação: ter uma razão que o motive a repetir o modelo incorporado.

Depois de prestarmos atenção e incorporarmos o conhecimento, podemos agir, mas só o faremos se houver algum tipo de benefício. Um exemplo no âmbito profissional:

José deseja ser promovido (motivação) e observa que seu colega Paulo, ao ser proativo e antecipar as necessidades do gestor, entregando as informações em forma de planilhas e relatórios antecipadamente para que o gestor faça a apresentação do projeto, consegue ser bem avaliado no fator comprometimento com os resultados. Observando (atenção) com interesse o comportamento do colega, José entende (retenção) que, se fizer o mesmo, talvez também venha a ganhar o que deseja. Então, também se torna proativo e colabora para que seu gestor tenha as informações de seu trabalho antecipadamente (produção).

O profissional não é um robô que aprende por imitação apenas. Ao contrário, ele usa processos cognitivos para avaliar os prós e contras na adoção do novo comportamento, o que ele pode observar pelas reações positivas ou negativas das pessoas, provocadas pelo impacto do novo comportamento.

Como modelo eficaz na expressão das emoções, o comportamento assertivo, com suas técnicas de comunicação, é o mais adequado.

Vamos juntar as duas intervenções, que serão denominadas como cognitivas comportamentais.

TÉCNICAS COGNITIVAS COMPORTAMENTAIS

1. Exercício do perdão

Como você se sente em relação ao seu passado? Alegria, por se lembrar de bons momentos e bem-estar, quando se lembra de momentos felizes.

Às vezes, "bate" uma tristeza, ao se lembrar de momentos que não foram bons.

Muitas vezes, essa tristeza pode se transformar em mágoa do passado. Isso pesa e atrapalha seu presente e futuro.

Alguém diz: você deve perdoar. Você tenta, mas pensamentos vêm a sua cabeça e dizem: "É injusto perdoar. O culpado merece vingança."

O rancor e o desejo de vingança vão, na verdade, corroendo seu humor e estado de espírito. Veja que o rancor do passado estraga sua vida e seus relacionamentos, porque você passa a ser triste, mal-humorado, pessimista e mal resolvido. Não perdoando, você não atinge o culpado, mas perdoando você se liberta.

A saúde física das pessoas que perdoam é melhor e, quando ao perdão se segue a reconciliação, suas relações melhoram com a pessoa que foi perdoada. Você ganha muito com isso, sente-se livre de sentimentos negativos e pronto para ser mais feliz.

2. Como trazer o perdão para sua alma? (Dr. Martin Seligman)

PRIMEIRO — pense objetivamente na ofensa sofrida, mas não pense na pessoa como alguém mau.

SEGUNDO — respire profunda e lentamente para se acalmar, enquanto visualiza a cena.

TERCEIRO — faça empatia; coloque-se no lugar da pessoa que o ofendeu. Procure entender o ponto de vista dela, o porquê fez algo que o ofendeu.

QUARTO — seja altruísta. Pense que um dia você também foi perdoado e que agora você terá compaixão pelo outro, porque ele não deveria estar bem quando o ofendeu.

Essa capacidade de perdoar é uma dádiva que você recebeu e dádiva faz bem a quem recebe. Agradeça a dádiva recebida e o fato de ser uma pessoa que merece ser feliz.

A mágoa é uma das maiores fontes de estresse emocional. Esse exercício exige duas atitudes: ter disposição e coragem para se livrar da raiva acumulada e assumir que o perdão deve ser uma escolha.

3. **Exercício de gratificação pelas coisas boas do passado.**

Lembrar das emoções positivas do passado colabora para fortalecer o estilo emocional e dar força para encarar as mágoas e exercitar o perdão.

4. **Exercício "Distancie-se do problema"** — aprenda a ver as coisas sob um ângulo diferente. Como?

- Distancie-se do problema.
- Tenha empatia = imagine-se no lugar do outro.
- Escolha um pensamento construtivo.
- Adéque seu comportamento ao novo pensamento.

Este exercício ajuda a manter o emocional equilibrado, para se relacionar com pessoas "difíceis" que possam fisgar você por meio de críticas e outras formas agressivas de comunicação. Saiba separar a pessoa do problema e fique isento do conflito desnecessário.

5. **Exercício de Visualização — tratamento da raiva**

a - Lembre-se de uma irritação moderada que você tenha tido.

b - Feche os olhos e certifique-se de que você tem um quadro claro da cena. Use todos os sentidos.

c - Sustente a imagem e sinta quaisquer mudanças que apareçam no corpo (tensão, ritmo cardíaco etc.).

d - Agora, faça uma respiração profunda e relaxe os músculos. Inspire e expire vagarosamente.

e - Mantenha a irritação na mente, faça um quadro da raiva e sinta-a.

f - Repita o item "d" e relaxe.

g - Repita os itens "d" e "e" até a irritação tornar-se menos importante para você e de modo que você administre seus sentimentos facilmente com o relaxamento.

Visualize momentos positivos e tente dirigi-los ao corpo. A mente não consegue diferenciar o estado imaginativo do real. Se você imaginar emoções positivas, poderá experimentar sensações reais de bem-estar. Assim, fortalecerá seu circuito neural com hormônios do prazer e bom humor, gerando pensamentos positivos (acionamento do pré-frontal).

6. Desenvolvendo um estado mental e emocional positivo

a - Pense em cinco razões que provem que você é uma pessoa que deve ser incluída nos relacionamentos profissionais.

b - Faça a maior lista possível de suas competências, das coisas que você conhece e saber fazer.

c - Faça a maior lista possível de razões que mostrem que você é uma pessoa confiável e querida.

d - Leia as listas de suas forças e virtudes até senti-las críveis, a ponto de incorporá-las em seu comportamento.

e - Faça uma lista das coisas que você precisa melhorar. Encare suas fraquezas e decida o que fazer.

f - Faça um plano de ação para melhorar as fraquezas que você considera importante mudar.

g - Aja.

Essa técnica promove a ativação do pré-frontal, fortalecendo seu mapa neural com sinapses regadas por hormônios do otimismo, prazer e recompensa.

7. Adotando o comportamento assertivo

- Encare as situações geradoras da emoção negativa.

- Reduza o efeito da emoção, usando o pensamento consciente, ou seja, pensando sobre a emoção.
- Reconheça os sentimentos dos outros e os seus.
- Não fique se justificando e nem coloque a culpa no outro.
- Não deprecie a si nem o outro.
- Administre a crítica, transformando-a em *feedback*.
- Procure um acordo e a solução.
- O comportamento assertivo gera aceitação do ambiente e resultados eficazes na solução de problemas, reforçando positivamente o modelo mental com boas crenças. Além disso, a ativação do circuito da recompensa estimula a atitude positiva para continuar a comunicação de forma responsável e respeitosa.

8. Técnica da análise de custo e benefício para tomar decisão e lidar com o medo das escolhas

a - Pegue duas folhas e divida-as ao meio.

b - Escreva, no alto da página 1, a 1ª Alternativa de comportamento e, em cada coluna, escreva e analise os custos e benefícios da escolha do comportamento.

c - Faça o mesmo com a segunda folha. Escreva, no alto da página 2, a 2ª Alternativa de comportamento e, em cada coluna, escreva e analise os custos e benefícios da escolha do comportamento.

d - Use seu pensamento racional para avaliar sua emoção, se tomar a segunda decisão. Pergunte-se: Vale a pena? O que ganho com isso? O que perco com isso?

e - Tome uma decisão responsável e escolha a alternativa que lhe dê mais benefícios e menos custos.

Exemplo:

1ª Alternativa: procurar o amigo e cortar a amizade.

CUSTOS	BENEFÍCIOS
perco um amigo	não engulo esse sapo
vou me sentir sozinho	vou me fazer ser respeitado
não terei mais sua companhia para passear	

2ª Alternativa: serei assertivo. Vou chamar o amigo para uma conversa difícil e falar a verdade de como me sinto em relação a ele e a sua rispidez.

CUSTOS	BENEFÍCIOS
preciso treinar como falar	melhoro o relacionamento
posso ser mal interpretado	não engulo o sapo e desabafo
posso me tornar agressivo	resolvo o conflito
preciso vencer meu medo e correr riscos	não perco o amigo

Essa técnica organiza os pensamentos, ativa o pré-frontal para a análise de custos e benefícios das opções e o planejamento de uma decisão baseada no bom senso e avaliação objetiva dos resultados e impactos e, principalmente, dá o direito de escolha consciente das emoções a serem sentidas, dos pensamentos a serem pensados e das ações a serem tomadas.

9. Técnica da autoafirmação do EU

É a técnica assertiva mais adequada para se expressar e não acumular medos e raivas. Nela, você assume total responsabilidade pelo que está sentindo, sem se colocar como vítima e sem acusar o outro, mas deixando claro qual foi o comportamento do outro que lhe causou a emoção negativa. Através da autoafirmação, você consegue mostrar ao outro quais são seus limites, esclarecer e trocar expectativas mútuas, pedir ao outro para usar uma linguagem positiva com você, argumentar com consistência, mostrando os benefícios que o outro terá se melhorar a forma de se comunicar com você.

Siga os passos da autoafirmação:

PASSO 1 — Descreva a situação para situar o outro sobre o que você está falando.

PASSO 2 — Use a primeira pessoa do singular (EU).

PASSO 3 — Expresse qual é o seu desconforto.

PASSO 4 — Diga qual é o comportamento do outro que lhe provocou o desconforto.

PASSO 5 — Mostre as consequências que o evento ocasionou em você e outros impactados.

PASSO 6 — Escute o que o outro pensa a respeito.

PASSO 7 — Negocie com o outro uma nova forma de relacionamento. Peça-lhe para mudar o comportamento com você. Proponha uma nova forma de relacionamento entre vocês ou lhe pergunte o que pode fazer para você não se sentir mal nessa situação. Mostre-lhe os benefícios que os dois lados terão com a mudança de comportamento.

PASSO 8 — Comprometa-se com o novo relacionamento e agradeça a colaboração do outro na solução do problema.

Esta técnica é excelente para promover a conexão entre as pessoas e o diálogo nas conversas difíceis, pois facilita o posicionamento de ambas as partes e foca a cooperação na solução do conflito com uma postura ganha-ganha, ou seja, a solução deve sempre beneficiar os interesses dos dois lados.

Exemplo da técnica:

PASSO 1 — "Você se lembra que ontem, na reunião de prestação de contas, quando eu relatava meus resultados, você me interrompeu?"

PASSOS 2 E 3 — "Eu me senti constrangido e vi minha imagem profissional ameaçada."

PASSO 4 — "Você me interrompeu e disse, na frente de todos, que a base das informações de meu relatório estava errada."

PASSO 5 — "Quando você faz isso, eu me sinto muito constrangido e a minha vontade é brigar com você no momento que isso acontece, o que não acredito ser uma boa alternativa para nós dois."

PASSO 6 — "Como você vê a situação?"

PASSO 7 — "Peço, por favor, que você mude seu comportamento comigo e, inclusive, sugiro conversarmos antes da reunião para acertarmos nossas diferenças. Assim, o grupo perceberá que você é colaborador, porque me deu todas as informações, e eu me sentirei mais seguro das informações." Caso o outro dê uma sugestão boa para os dois lados, diga: "Gostei da sua sugestão."

PASSO 8 — "Vamos fechar o seguinte acordo..."

"Agradeço sua colaboração e pode contar comigo."

10. Técnica para lidar com a raiva do outro

- Reconheça a raiva do outro, estimulando-o a falar sobre o que está incomodando, dizendo: "Reconheço que isso te afetou."
- Tenha empatia — coloque-se no lugar do outro para entender o que ele está sentindo, dizendo: "Eu entendo o que você sente."
- Pergunte como você está contribuindo para causar esse desconforto, dizendo: "O que exatamente eu faço que lhe causa esse desconforto?"
- Se não lhe causar prejuízos, comprometa-se em mudar seu comportamento para não estimular mais a raiva no outro. Se, porém, o outro pedir uma mudança imprópria, seja objetivo e diga o que você pode fazer e o que não pode fazer. Mostre suas razões.
- Busque uma alternativa de relacionamento que seja uma solução ganha-ganha.
- Comprometa-se com a mudança.

Essa técnica estimula a conexão entre as pessoas, pois, de forma respeitosa, uma pessoa reconhece sua responsabilidade por ativar as emoções negativas no outro e se dispõe a mudar seu comportamento. Essa disponibilidade para o outro demonstra maturidade, autoconfiança e vontade na neutralização do desconforto do outro.

11. Recuo estratégico

Mais do que uma técnica, é uma estratégia para dar a si o tempo necessário para respirar profundamente e não permitir que sua resposta à situação de estresse seja dominada pelo límbico. Recuar estrategicamente nos dá a oportunidade para escolher o melhor comportamento, quando nos sentimos acuados e sem saber a opção adequada. Por isso, dê a si tempo para tomar decisões, quando tiver dúvidas.

Vamos usar algumas dessas técnicas no exemplo a seguir.

FREANDO O CICLO DA EMOÇÃO NEGATIVA

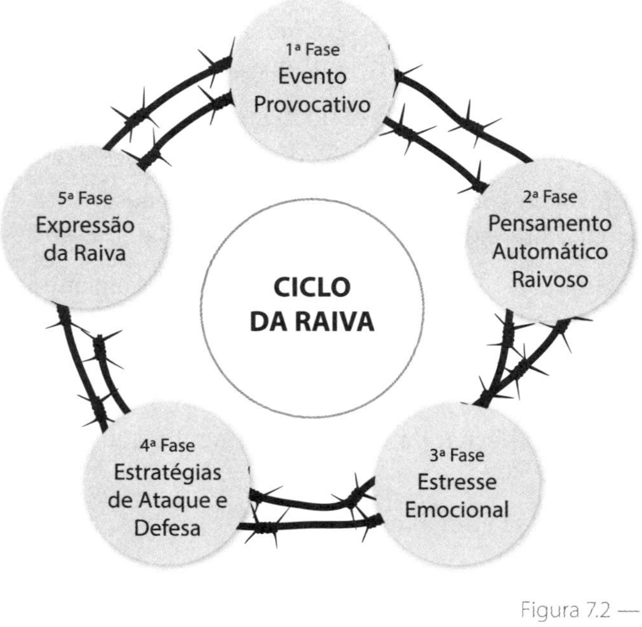

Figura 7.2 — Ciclo da raiva

Podemos interferir nas diversas fases do processo. Aqui está uma sequência das fases da ocorrência da raiva, como exemplo, e o que fazer em cada uma delas.

I. A raiva é disparada por um acontecimento, uma provocação.

Inicie seu autoconhecimento para aprender a lidar com a raiva. Utilizando o cérebro superior, o córtex pré-frontal, traga o ocorrido para seu consciente e faça uma avaliação cognitiva sobre ele. Pergunte-se: "O que me faz perceber a situação como provocação? Qual é meu ponto fraco que foi despertado? Qual é a crença que está por trás disso, que faz com que eu a perceba como provocação, ou seja, qual foi a regra interna violada? É real ou eu estou inferindo se tratar de uma provocação? Por que isso tem que necessariamente fazer tão mal a mim?"

Segundo os especialistas, a raiva pode ser fruto de padrões ou expectativas pouco realistas em relação às outras pessoas e, se esse for o caso, cabe o exercício da tolerância e da flexibilidade. Será que é seu caso? Coloque-se no lugar do outro e entenda qual é o benefício que o outro ganhou ao fazer tal provocação. Por que o outro está lhe provocando?

Para frear o circuito da raiva nessa primeira fase, sugerimos algumas outras técnicas:

1ª — Faça o exercício da respiração e do relaxamento.

2ª — Desenvolva um estado mental positivo, através do fortalecimento da autoimagem com crenças positivas: "Eu me sinto importante, competente e querido."

3ª — Desenvolva o controle emocional, ou seja, distancie-se do problema e use a escuta ativa para visualizar a situação sob vários ângulos diferentes.

4ª — Faça a reestruturação cognitiva do pensamento irracional que despertou a raiva. Como? Identifique qual é o pensamento automático que apareceu no evento. Teste a validade desse pensamento raivoso e responda às seguintes questões:

a - Quais as evidências de que o pensamento é verdadeiro?

b - Há uma explicação alternativa?

c - O que de pior pode ocorrer se for verdadeiro?

d - Qual poderia ser o efeito, se eu mudasse meu pensamento?

e - Se outra pessoa estivesse na situação e tivesse esse pensamento, o que você diria a ela?

Veja um exemplo de como impedir que a emoção raiva seja aliciada e lhe traga sofrimento:

Hoje, tenho um almoço marcado com um amigo. Saio apressado e, no meio do caminho, resolvo telefonar para lhe dizer que estou chegando. O amigo, totalmente constrangido, disse que estava em outra reunião com um cliente e pede mil desculpas por ter se esquecido de me avisar a tempo.

Nesse momento, senti-me frustrado e surpreso, porém rapidamente tomei o controle de meus pensamentos e busquei dentro de mim um estado mental positivo. Em seguida, minha voz interna me disse: "Você é uma pessoa importante e querida e o amigo cometeu um erro porque ele foi desorganizado com sua agenda." Com esse novo pensamento, respondi ao amigo: "É lamentável, porque eu gostaria muito de almoçar com você. Você cometeu um erro de agenda, porém não se sinta mal porque o erro pode ser reparado." Depois disso, senti-me muito bem comigo, pois posso entender que o motivo do erro de meu amigo foi por desatenção e não por ter mudado seus bons sentimentos de carinho por mim, pois sou uma pessoa muito interessante. Voltei para meu escritório e fui fazer algo bem agradável para me compensar da frustração. É evidente que, se o acontecimento se repetir outras vezes, será preciso reavaliar as expectativas de amizade com a pessoa em questão.

Esse é um bom exemplo de que, mudando sua forma de pensar, você pode alimentar uma autoestima boa e equilibrada, além de se poupar de sofrimento por uma raiva inútil e não pertinente. Se o evento se repetir, será necessário reavaliar suas regras internas e realinhar suas expectativas sobre o outro.

Se, porém, você perceber o evento como uma ameaça à sua autoimagem e a falta de consideração do amigo gerar em você sentimento de menos-valia, o processo da raiva continuará e sua mente, agora comandada pelo emocional, entrará em ação novamente, com pensamentos raivosos.

1 - Pensamentos raivosos são desenvolvidos e certamente você pensará assim: "Esse amigo não podia fazer isso comigo. Ele foi grosseiro e arrogante ao me tratar assim; eu pensava que ele gostava de mim, agora percebo que não significo nada. Quem ele pensa que é para me tratar assim?" Com esse pensamento, você poderá ser agressivo e perder o amigo. Aqui cabe usar técnicas respiratórias para oxigenar o cérebro e dar a você o necessário controle emocional, pois seu nível de irritação já está presente em seu tom de voz.

Se preciso, é melhor encerrar o diálogo, dizendo que depois vocês conversam sobre o acontecimento. Em seguida, faça uma avaliação cognitiva de suas emoções negativas. Preste bastante atenção em você e perceba o que está sentindo. Pense no impacto que sua raiva está causando em seu cérebro e organismo. Visualize como você quer estar e sentir. Fortaleça-se com um estado mental positivo. Depois, pare, estacione e reflita. Ressignifique seu pensamento raivoso, trocando-o por um pensamento positivo e baseado em evidências objetivas, da seguinte forma:

a - Quais as evidências de que o pensamento é verdadeiro? Resposta: Meu amigo não se lembrou de mim. Normalmente, sou eu quem procura esse amigo. Ele tem coisas mais importantes a fazer do que me avisar.

b - Há uma explicação alternativa? Resposta: O amigo está com sobrecarga de trabalho, está estressado e, por isso, se esqueceu de me avisar sobre o cancelamento de nosso encontro.

c - O que de pior poderia ocorrer, se for verdadeiro? Resposta: Não nos vermos mais e não considerá-lo meu amigo.

d - Qual poderia ser o efeito, se eu mudar meu pensamento? Resposta: Não perco o amigo, preservo minha autoestima e não fico com raiva.

e - Se outra pessoa estivesse na situação e tivesse esse pensamento, o que você diria a ela? Resposta: "Seu amigo, como todos os profissionais, deve estar sobrecarregado. Essa reunião deve ter surgido de última hora e você, no lugar dele, também não poderia deixar de visitar o cliente. O problema está no amigo que cometeu um erro por desorganização pessoal. Acredito que você deva agir com flexibilidade e compaixão com seu amigo, compreendendo que ele não é perfeito, sendo passível de erro. Aguarde-o ligar e marcar um novo encontro.

f - O quanto você acredita nesse novo modo de pensar e perceber a situação? Resposta: Acredito 100%.

Se, contudo, você não conseguir dominar seus pensamentos raivosos, os próximos comportamentos serão baseados em intenções irritadas.

2 - A raiva está nutrida e aumentada. Se não dominada, os sentimentos raivosos se intensificarão e se tornarão mais difíceis de serem controlados com ações produtivas. Você, porém, ainda pode salvar sua saúde e evitar sua expressão negativa. Como?

Primeiro, assumindo que você está com raiva e que a atitude do amigo lhe causou frustração e a sensação desconfortável de menos-valia.

Segundo, usando a técnica assertiva da autoafirmação para expressar sua raiva, da seguinte forma:

a - Estou me sentindo muito chateado e com raiva.

b - Você se esqueceu de me avisar sobre o cancelamento do nosso encontro e, como consequência, estou me sentindo sem importância e ignorado por você, que considero meu amigo.

c - Minha expectativa é de que isso não aconteça mais.

d - O que você pensa a respeito e o que pode fazer para eu não ter mais esse sentimento negativo?

Como vê, essa é uma forma mais educada e responsável de expressar sua raiva. Você consegue ser maduro e respeitar a si mesmo e ao seu amigo. Certamente, você não perderá o amigo.

Em resumo, seja sincero, diga que está com raiva e explique seus motivos. Tente expor suas razões e escute a opinião do outro. É uma forma de se aliviar e refletir sobre os verdadeiros motivos, além de deixar claro para o outro quais são seus limites. Sim, pois haverá motivos de raiva incuráveis e as pessoas a sua volta precisam saber que, com relação àquele assunto, sua tolerância é zero. Seja assertivo e deixe claros seus limites.

A raiva que não é dominada dispara por muito tempo dolorosas e destrutivas ações e pensamentos nervosos. Nesse caso, o que fazer? Não se preocupe, ainda há saída. A melhor forma para se libertar das amarras da mágoa e do rancor é mudar o pensamento do passado e colocar para fora a raiva acumulada. A expressão da raiva deve ser comandada pelo pensamento racional, real e objetivo, o córtex pré-frontal. Mesmo depois de muito tempo, você pode pedir explicações à pessoa que lhe causou aquela raiva e dizer, com educação, tudo o que sentiu quando a provocação ocorreu. Pode ser que o outro fique surpreso com suas declarações. Não se preocupe. Peça-lhe apenas que o escute. Você perceberá que a mágoa vai embora depois de ser colocada para fora. Lembre-se: use a técnica assertiva de autoafirmação, assumindo responsabilidade pelos seus sentimentos e apontando o comportamento do outro que lhe provocou a raiva. No fim, agradeça a atenção do outro.

Bem, veja que você pode administrar o ciclo da raiva em todas as fases, lembrando-se de que sempre devemos fazer uma pergunta: Essa raiva é pertinente e justa?

> — Se a resposta for negativa, cabe a você diminuir e até eliminar a emoção da raiva, pois certamente ela se originou de um pensamento irracional.
>
> — Se a resposta for positiva, utilize as técnicas da comunicação assertiva para expressá-la com maturidade e respeito e promover a mudança da situação.

CONCLUSÃO

Quando você decidir seriamente evoluir no seu estilo emocional, comece pela administração correta das emoções negativas.

Algumas atitudes são necessárias. Assuma estes compromissos com você mesmo:

1. **Seja honesto sobre seus sentimentos. Expresse-se abertamente.**

- Tente ser aberto a seus sentimentos.
- Aprenda a escutar.
- Procure maneiras criativas de se expressar.

- Experimente descobrir saídas sadias para sua energia raivosa.
- Expresse suas emoções — não as abandone.

2. **Trabalhe para mudar suas crenças negativas que estão causando aborrecimento.**

- Nossas crenças são as raízes de nossas emoções; entenda o que suas crenças são e por que você as tem.
- Sem controle sobre suas crenças, você pode se sentir impotente.
- Você pode substituir velhas crenças por novas, através de um exame de consciência (autocrítica).
- Crie uma visualização para a mudança.
- Ensaie suas novas técnicas.

3. **Abandone o passado e retire os obstáculos para um futuro positivo.**

- Troque a ferida por paz mental.
- A renúncia exige energia e coragem internas.
- Use energia "pausada" para gerar um novo você.
- Quando a memória começar a atormentar, aja com calma e examine o processo todo.

Coloque em sua mente esta nova crença: **"Eu posso escolher qual emoção quero sentir e decido até que ponto ela fica comigo."**

CAPÍTULO 8

LIBERTANDO-SE DAS AMARRAS: LIBERDADE EMOCIONAL

O SENTIDO DA LIBERDADE

Na vida, a convivência se constitui em uma luta incansável pela supremacia da liberdade. Pensar na questão da liberdade significa refletir sobre a própria situação conflitante entre as pessoas na vida pessoal e no ambiente organizacional, local permeado de competição e concorrência para uma melhor posição na empresa. Até que ponto o profissional é livre para expressar suas emoções e atuar sobre os outros colegas? Quais são os limites à liberdade do profissional? Será que, para exercer minha liberdade, é preciso sacrificar a liberdade do outro? Ou, em prol do outro, devo sacrificar minha liberdade de expressão e guardar sentimentos mais profundos que possam desagradar ao outro e agradar a mim?

São poucas as pessoas que se sentem livres para expressar suas emoções e o que está dentro de sua razão e do seu coração. O que é liberdade?

> *Liberdade significa ser capaz de dizer 'Sim', quando é preciso dizer 'Sim', de dizer 'Não', quando é preciso dizer 'Não', de ficar calado às vezes, e quando nada é necessário, ficar em silêncio, não dizer nada. Quando se pode dispor de todas essas dimensões possíveis, existe liberdade.*
>
> Osho, em sua obra *Liberdade — a coragem de ser você mesmo*

Essa liberdade é típica de uma pessoa de atitude e bem resolvida. Reflete a capacidade de agir em seu interesse, sem buscar aprovação ou permissão de ninguém.

Liberdade emocional é agir com um emocional inteligente e consciente.

LIBERDADE E AUTOACEITAÇÃO

A liberdade nasce da autoaceitação.

Autoaceitar-se significa enxergar com clareza suas qualidades e virtudes, questões que você sente orgulho de expressar e tornar público, pois sabe que serão elogiadas e bem-aceitas.

Autoaceitar-se significa também o reconhecimento de suas fragilidades, aquelas questões que moram lá no seu íntimo e que, quando tocadas, lhe causam uma sensação ruim. A autoaceitação, porém, acaba com sentimentos de culpa, de vergonha e de mal-estar, dando espaço para um olhar de autocompaixão, sendo aceitos com mais naturalidade. Assim, com a abertura emocional, não há necessidade de guardar essas fragilidades "a sete chaves". Ao contrário, podem se fortalecer, tornando-se, muitas vezes, pontos fortes desenvolvidos, na medida em que são analisadas e corrigidas com um emocional inteligente.

Sentindo-se livre emocionalmente, você não tem nada a provar ou esconder. É claro que essa liberdade implica reconhecimento dos direitos do outro em ser livre também.

Outro dia me perguntaram: Como você consegue ser tão calma? Essa pergunta veio de uma pessoa que possui a intenção de mudar os outros, segundo suas próprias referências, seus valores e princípios. Por essa razão, tornou-se crítica e julgadora do comportamento do outro. Respondi: Procuro aceitar as pessoas como elas são porque isso é respeito ao outro. Assim, não fico exigindo mudanças no outro e sim mudanças em mim. Essa postura me permite ser mais calma, tranquila e ser eu mesma.

Todos nós idealizamos um EU. O eu ideal é tudo aquilo que desejaríamos e gostaríamos de ser para ter sucesso na vida pessoal e profissional. Possuir o eu ideal é sinônimo de felicidade.

O **eu ideal** toma corpo e adquire vida dentro de nós, provavelmente, influenciado por dois fatores:

- As **estruturas sociais**, que cuidaram de nossa socialização, educando-nos para nos comportar de acordo com os padrões culturais do grupo social ao qual pertencemos.

  Um pequeno exemplo: um rapaz que, ao sentir raiva, se isola para expressá-la. Indagado, ele respondeu que se sente envergonhado ao demonstrar suas emoções, pois, quando criança, essa emoção foi várias vezes reprimida pelos pais. Aprendeu que a raiva e sua manifestação pelo choro caracterizam um eu fraco e negativo. Quando fica com raiva de alguém, sente-se culpado, pois contraria seu eu ideal.

- As **experiências de sucesso e de fracasso**, por meio das quais avaliamos nossa competência para controlar a situação vivida.

  Um pequeno exemplo: uma mulher obcecada pela estética física. Quando engorda um quilo, para de comer. Indagada sobre essa neurose, ela explicou que, na infância, foi uma garota obesa que perdia velocidade nos jogos infantis. Por essa razão, era frequentemente rejeitada no time das amigas, sendo normalmente a última opção de escolha. Cresceu com o sentimento de rejeição, associado ao estado de obesidade. Por conseguinte, tornou-se uma adulta, cujo credo é: "Para ser aceita e querida, é preciso ser esbelta e elegante." Essa crença está registrada no **eu ideal** da mulher.

Essas e outras mensagens vão alimentando o eu ideal. Dos valores e das crenças provenientes das experiências de vida e dos ensinamentos oferecidos por essas estruturas sociais, retiramos os ingredientes do perfil do eu ideal.

Esses ingredientes ficam registrados em nossa mente e aparecem através daquela voz interna que nos orienta, dizendo se estamos dentro ou fora do perfil do **eu ideal**. Às vezes, a voz interna faz críticas porque estamos fora do perfil e outras vezes ela nos reforça positivamente por correspondermos a nosso eu ideal.

O pensamento é, então, essa voz interna que fala conosco todo o tempo. O conteúdo de sua fala pode ser agradável ou desagradável, bom ou ruim. Vai depender de nosso autoconceito.

Uma coisa, porém, é certa. O sentimento de insatisfação pessoal toma conta de nós, quando a voz interna nos informa que nosso eu real está diferente do eu ideal.

Uma voz interna crítica e destruidora impede a pessoa de contatar suas próprias forças do eu real e normalmente diz:

- É melhor agradar seu chefe, senão você perde seu emprego.
- Você é intolerante quando fica raivoso.
- Seja político no trabalho, assim não haverá conflito.
- Você não vai conseguir.
- Você é ridículo.
- Você não sabe o que faz.
- O seu colega é melhor que você.
- Você é insignificante, é melhor não contar suas coisas.
- Engole sua raiva, senão ninguém vai gostar de você.

A voz interna amiga e verdadeira é madura e tem o dom da ponderação. Estimula o contato com as fraquezas e fortalezas, as ameaças e oportunidades do eu real. Quando diz para recuar, baseia-se no bom senso. Faz críticas e elogios. Normalmente diz:

1 - Se o colega não respeitou você, você tem o direito de sentir raiva.

2 - Vá em frente. Sei que vai conseguir.

3 - Por que não tentar?

4 - Se você errou, não tenha vergonha.

5 - Peça ajuda, para você não quebrar a cara.

6 - Ponha a raiva para fora sem machucar ninguém.

Possuir uma voz interna amiga e verdadeira contribui imensamente para alcançar o prazer da liberdade da qual estamos falando, aquela liberdade de sentir a raiva necessária, útil e justa, além da responsabilidade de expressá-la de forma construtiva. A qualidade da voz interna reflete a reputação que criamos de nós mesmos, a autoestima.

A autoestima é resultado do **conceito** que faço de mim, ou seja, o que penso e sinto sobre mim mesmo, da **confiança** que deposito em mim, manifestada pela expressão "eu confio em meu taco", e do **respeito** que tenho por meu eu real, admirando minhas fortalezas e tendo compaixão por minhas fraquezas.

Somado esses três aspectos, a autoestima também é influenciada pelas opiniões de outras pessoas importantes para o eu real. O *feedback* verdadeiro e com amor dessas pessoas é sempre bem-vindo para aumentar o autoconhecimento.

Uma pessoa consegue ter liberdade emocional quando sua autoestima está equilibrada; ou seja, a pessoa tem consciência de suas fortalezas e suas fraquezas porque tem livre acesso a seus sentimentos. Usa de suas fortalezas para fortificar sua autoimagem. Com relação às fraquezas, usa de seu sentimento de compaixão para ser tolerante e respeitoso para consigo mesmo.

LIBERDADE E RESPONSABILIDADE

A liberdade da qual estamos falando caminha de mãos dadas com a responsabilidade, que significa habilidade para responder. Portanto, quem é responsável por si aumenta a liberdade e o repertório de dar respostas às diversas situações da vida.

Liberdade não quer dizer permissividade e caos, mas sim responsabilidade por seus atos. Ao sentir a responsabilidade por si, ocorre uma mudança no olhar sobre si e os relacionamentos e a pessoa passa a entender o que é ser livre.

Quando dizemos "o destino quis que eu não fosse promovido", simplesmente estamos abdicando dos benefícios da liberdade, não sendo justo colocar a culpa ou responsabilidade de seus atos em outras pessoas ou no destino. Culpar o destino é uma estratégia para continuar preso e seguro em sua gaiola. Essa sensação de segurança bloqueia a coragem de correr os riscos da liberdade.

Liberdade é poder escolher o que deseja para si mesmo. Liberdade é fazer escolhas e assumir responsabilidade pelos impactos e resultados.

Liberdade é mudar de opinião e fazer nova escolha, se perceber que a primeira alternativa escolhida não foi a mais adequada. A falta de liberdade aparece quando a opinião do outro é mais importante do que sua própria opinião sobre si mesmo.

Liberdade é a expressão de seus pensamentos e sentimentos, sem medo, sem culpa e sem agressividade. Se você acumula débitos emocionais e sua bagagem pesa mais do que você suporta, sua liberdade é utopia. Uma pessoa não é livre emocionalmente quando eventos desagradáveis corroem sua mente com mensagens destrutivas, pois, assim, suas energias estão todas voltadas para ocultar os sentimentos antigos e não resolvidos.

Uma pessoa é livre quando usa a razão para fazer escolhas sensatas e conscientes. A liberdade consciente está intimamente ligada a uma escolha consciente.

LIBERDADE E ESCOLHAS CONSCIENTES

O princípio de **Ação e Reação**, conhecido como a Terceira Lei de Newton (Isaac Newton, físico e matemático inglês, 1642–1727), tem o seguinte enunciado: A toda ação, corresponde uma reação de igual intensidade e sentido oposto. No mundo corporativo, vivemos todo o tempo recebendo estímulos que exigem respostas rápidas e eficazes. É o processo da comunicação entre os seres humanos. Se agirmos segundo o princípio da física, teremos o seguinte fluxo:

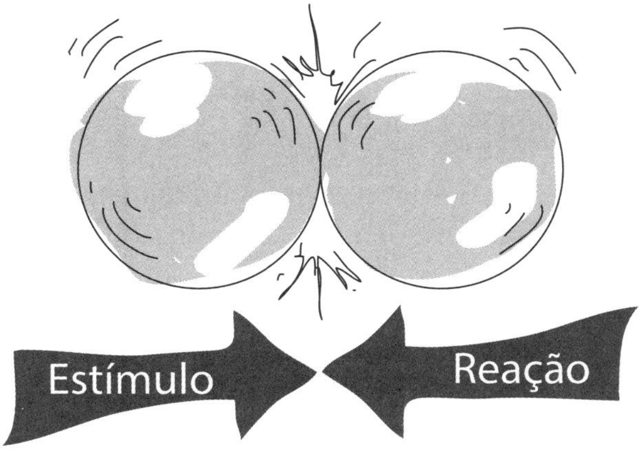

Essa relação estímulo *versus* reação é própria de animais que usam o cérebro reptiliano como dominante no comportamento. A reação é inconsciente porque não é processada pela consciência, mas sim pelos reflexos, cuja moradia é o cérebro reptiliano. Alguém diz alguma coisa, insulta e você reage sem pensar, ficando com raiva. Sua reação é sujeita à manipulação dos outros, e você age como um autômato. Se agirmos como ser humano, usando nossa inteligência para processar os estímulos, decidindo o que queremos sentir, interferindo nos estímulos externos e internos e trazendo-os para o consciente, o resultado será como este fluxo:

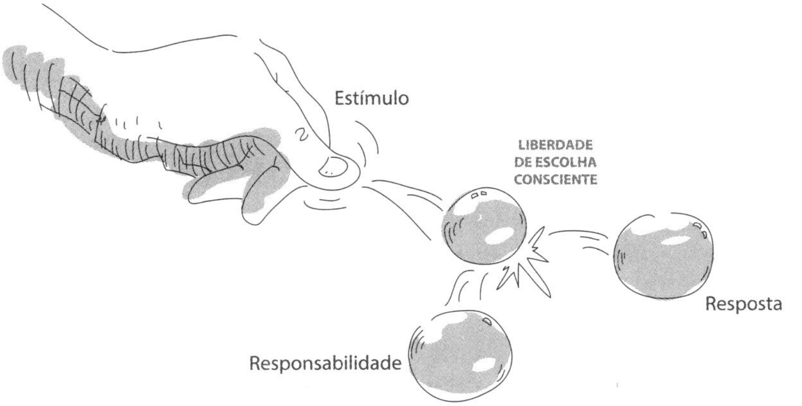

Você escolhe o que quer para sua vida e como quer seus relacionamentos. Antes de tudo, porém, você escolhe quais sentimentos quer sentir. Ao se tornar dono de si, você passa a ter claro o que esperar das pessoas.

Escolha consciente é aceitar a **responsabilidade** por seus sentimentos, pensamentos e comportamentos, é responsabilizar-se por suas decisões, dando a si mesmo a consciência para avaliar os custos e benefícios e tomar uma decisão.

Escolher conscientemente é usar o cérebro cortical e dialogar com os planos cerebrais reptiliano e límbico para tornar conscientes as razões de sua emoção negativa e definir estratégias inteligentes de bem expressá-la.

Escolha revisar suas crenças, pois elas determinam seus pensamentos e sentimentos. Suas crenças determinam sua percepção da realidade.

Fazer escolhas conscientes significa ação. Ação é proatividade, que é mais do que iniciativa. Ser proativo é pensar antes nos custos e benefícios de uma situação, prever o que pode acontecer de bom e ruim e ter controle da situação.

Fazer escolhas inconscientes significa reação. Reagir é ser reativo. O problema ocorre porque não foi previsto e a situação passa a ser crise, sem o controle da pessoa. Ela diz: "Foi Deus quem quis assim." Por essa frase, percebe-se que a pessoa reativa não assume a responsabilidade por seus atos e recusa-se, portanto, a ser livre. Pessoas que fazem escolhas inconscientes são totalmente vulneráveis às emoções negativas e às suas expressões inadequadas.

As escolhas inconscientes nos tornam reativos e imobilizados para qualquer mudança, porque não somos responsáveis pelos eventos que ocorrem em nossa vida. As escolhas conscientes nos tornam fortalecidos para assumir nossos sentimentos e emoções e decidir o que acreditamos ser melhor para nós.

A pessoa livre sabe usar sua inteligência para avaliar os custos e benefícios de suas escolhas, identificando assim maneiras eficazes de lidar com os pontos fracos e, quem sabe, descobrindo alternativas salutares para transformar as fraquezas em fortalezas.

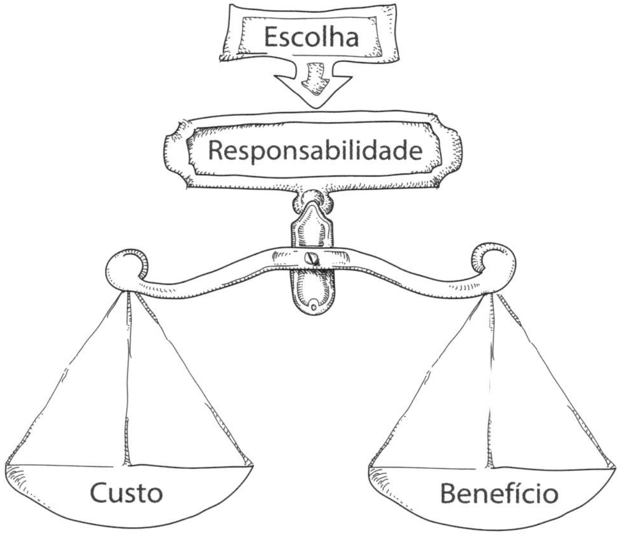

Liberdade implica coragem para dar limites, coragem para dar amor, aceitação e respeito pela diversidade, não exigir do outro o que ele não pode dar e não ter medo de seus "defeitos".

Para cuidar da vida pessoal e profissional, você precisa estar em contato com quem você é e gostar de si pelo que você é, com liberdade e responsabilidade por si, através de escolhas conscientes.

O que tudo isso tem a ver com a gestão emocional?

Tudo a ver e o primeiro passo é ser livre para assumir o controle emocional. Assim, você terá a liberdade de olhar com tranquilidade para as crenças irracionais e os pensamentos distorcidos, que estão colaborando para sua emoção ser inconveniente, e mais, entenderá como você funciona para expressar suas emoções com firmeza e sem machucar ninguém. Para isso, é preciso usar competência cognitiva para ter suas emoções sob controle. O que isso significa?

Você pode administrar suas emoções, através da construção de um modelo mental positivo, para estimular bons sentimentos e bons comportamentos.

REFLEXÕES

COMO ESTÁ SUA LIBERDADE DE ESCOLHA?

Você tem feito mais escolhas conscientes ou inconscientes?

1 - Pegue uma folha e anote todas as situações e relacionamentos que você vivencia.

2 - Anote na frente de cada um como você se sente: confortável ou desconfortável. Perceba que, ao se sentir confortável, é provável que você se encontre na situação porque quer e assume as consequências. Nas situações nas quais se sente desconfortável, perceba que é preciso fazer uma escolha consciente para terminar com o desconforto. A escolha será consciente, se você entender que pode sair ou não da situação.

3 - Pense em pelo menos duas alternativas. Em seguida, para cada alternativa, identifique os custos e benefícios que você terá. A alternativa que lhe propiciar maior benefício e menor custo provavelmente é a decisão mais adequada.

____

____

____

____

Parafraseando Charlie Chaplin: Sua vida está à sua frente, esperando para ser o que você quiser. Aí está você, o escultor, para dar forma à sua vida. Tudo depende de você.

CAPÍTULO 9

FORTALECIMENTO E RESILIÊNCIA

"Sempre acreditei ser resiliente. Afinal, sempre suportei bravamente os revezes da vida e sobrevivi. Recomecei várias vezes, vida pessoal e profissional. O que eu era? Inconsequente? Aventureira? Corajosa? Resiliente? Corajosa com baixa resiliência?

Bem, eu acreditava que era resiliência e fazia e acontecia porque não sabia e não pensava se era impossível. Apenas encarava sem avaliar profundamente os riscos.

Vim a descobrir, porém, que minha resiliência estava comprometida, pois, apesar de encarar os obstáculos e lidar com o estresse e riscos da vida, o custo para o recomeço ou mesmo continuidade da minha caminhada, normalmente era mais alto do que meu corpo e meu emocional poderiam suportar. Às vezes, me tornava agressiva e endurecida, posicionando-me com autossuficiência, mostrando ao mundo e a mim o quanto era forte sem necessidade de parecer frágil, a tal ponto de necessitar da ajuda de outrem. Aí localizei meu engano.

O fato de você aguentar firme e forte, doa a quem doer, não significa que sua resiliência está equilibrada. Percebi também que 'deixar a vida me levar' era uma postura passiva de permitir que as dificuldades da vida fossem embora naturalmente. As duas posturas fizeram-me sofrer além do necessário."

RESILIÊNCIA

Avalie esta pintura e conheça a história do seu autor.

Pintura de Esteban Rojas, que retrata o conceito da resiliência.

La Espera — Oleo en tela 1,5 x 0,90 mts. Esteban Marcos Rojas Guevara (1996)

"La vida se desliza en su ocurrir como la ola en el mar, ese frente de onda expansivo que no podemos asir ni detener sin perdernos. Hay personas que deciden sentarse a esperar los acontecimientos de la vida como observadores pasivos, sin embargo existimos otras que elegimos abalanzarnos a su encuentro, la enfrentamos, aceptamos el desafío de montar la ola y nos dejamos llevar, y de todo este suceso sólo quedarán vestigios, pequeños trazas de existencia como la sombra del que camina su caminar, en tanto más avanza más extensa es su sombra.

Conversando con mi hija María Inés, psicólogo clínica, me dijo; 'Papá usted tiene muy desarrollado el sentido de resiliencia', bastó que ella me mostrara los alcances de ese sentido de vida, para lograr comprender algunos espacios de mi conducta. He derivado desde la extrema pobreza económica hasta mi independencia y bienestar, en ese camino, nunca entendí las carencias como algo perverso o un castigo del que debía librarme, nunca tuve resentimiento ni dolor, viví desde niño consciente de mi existir, y caminé siempre con determinación hacia el lugar que yo creía debía hacerlo.

Cuando pinte el cuadro La Espera, mucho antes de la conversación con mi hija, dejé plasmado en esa tela mi idea del vivir resiliente. La silla nos muestra la espera, ese espacio donde nos quedamos inmovilizados pensando que lo que ocurre no tiene que ver con nosotros, y el mundo lleno de colores, alegrías y dolores, se nos viene encima, nos aturde, inunda. Al decidir enfrentar esa magnífica ola de vida, inmensa, terrorífica, te vas dando cuenta que en la medida que avanzas, se empequeñece esa imagen que te aterra, y cuan más largo es el andar, más extensa será tu sombra en la tierra, ella da cuenta de tu devenir y tu presencia."

Esteban Marcos Rojas Guevara

"A vida desliza, passando tal como onda do mar. Esse vai e vem de ondas expansivo, que não podemos compreender ou deter sem nos perdermos. Algumas pessoas decidem sentar e esperar pelos acontecimentos da vida, como observadores passivos, contudo, há outras que decidem se jogar ao seu encontro e enfrentá-la, aceitando o desafio de dominar a onda e ter liberdade. Após estes acontecimentos, restam apenas vestígios, pequenos traços de existência, como uma sombra de quem caminha em sua jornada e, quanto mais avança, maior se torna sua sombra.

Conversando com a minha filha Maria Inês, psicóloga clínica, ouvi: "Papai você tem um alto senso de resiliência desenvolvido." Bastou ela me dizer algo neste sentido para eu compreender alguns dos meus comportamentos e condutas. Eu saí da extrema pobreza econômica até chegar à minha independência financeira e alcançar bem-estar e, nesse caminho, nunca encarei as dificuldades como algo perverso ou como um castigo do qual deveria me livrar. Nunca tive ressentimento ou dor. Vivi, desde criança, consciente de minha existência e caminhei sempre com determinação, seguindo sempre em direção ao que eu acreditava.

Quando pintei o quadro "A Espera", muito antes da conversa com a minha filha, deixei plasmada nesta tela minha ideia de viver de forma resiliente. A cadeira nos mostra a espera, este espaço onde ficamos imobilizados, pensando que as coisas que ocorrem não têm relação conosco e o mundo, cheio de cores, alegrias e dores que se projeta sobre nós, nos deixa aturdidos e nos invade. Ao decidirmos enfrentar esta magnífica onda de vida, imensa e aterrorizante, nos damos conta que, à medida em que avançamos, a imagem que nos assusta diminui e quanto maior a distância maior será nossa sombra sobre o chão, mostrando nosso futuro e nossa presença."

O que é resiliência

Resiliência é a força interna usada por uma pessoa para evoluir e transformar o que for necessário e, assim, chegar a um resultado, atingir um propósito, fazendo a diferença. A resiliência equilibra-se nas forças internas da pessoa e, principalmente, nas suas interações humanas. No relacionamento, a linguagem tem papel preponderante e impactante no fortalecimento emocional, pois é a linguagem que demonstra como os recursos internos e externos estão sendo utilizados, se de forma passiva, agressiva ou assertiva.

Resiliência também é a capacidade de lidar com problemas, superar obstáculos ou resistir à pressão de situações adversas, dispendendo a energia necessária, nem mais e nem menos. É saber lidar com o estresse e sentir-se fortalecido e motivado para seguir em frente.

Superação em resiliência é agir com maturidade

Como? Fazendo uma análise da realidade e reconhecendo seus limites e os riscos da situação, expondo-se aos riscos **com segurança e confiança** para atingir seus objetivos.

É sabido que nosso desempenho e a nossa coragem de correr riscos ao vencer os obstáculos estão ligados diretamente à nossa motivação, seja no trabalho, na família ou mesmo na mudança de um hábito ou aprendizagem de um novo conhecimento ou nova habilidade.

Daniel Goleman, em sua obra *O cérebro e a inteligência emocional — novas perspectivas*, ao escrever sobre o desempenho ótimo, mostra que há três estados principais para lidar com o estresse, representados pelos psicólogos Yerkes e Dodson, que são: ócio, fluxo e esgotamento.

Segundo ele, ócio e esgotamento desencadeiam uma baixa energia e enfraquecem nossos esforços. Por ouro lado, o fluxo permite que a capacidade de uma pessoa para desempenhar algo seja alta e positiva. Representa o pico de autorregulação, na qual a pessoa canaliza suas energias, suas emoções positivas para uma alta performance. É o estado onde as pessoas aumentam seu foco na atividade e dão o melhor de si. É o equilíbrio do seu comportamento frente ao estresse. É ser resiliente, é ser bem resolvido.

HORMÔNIOS DO ESTRESSE E DESEMPENHO

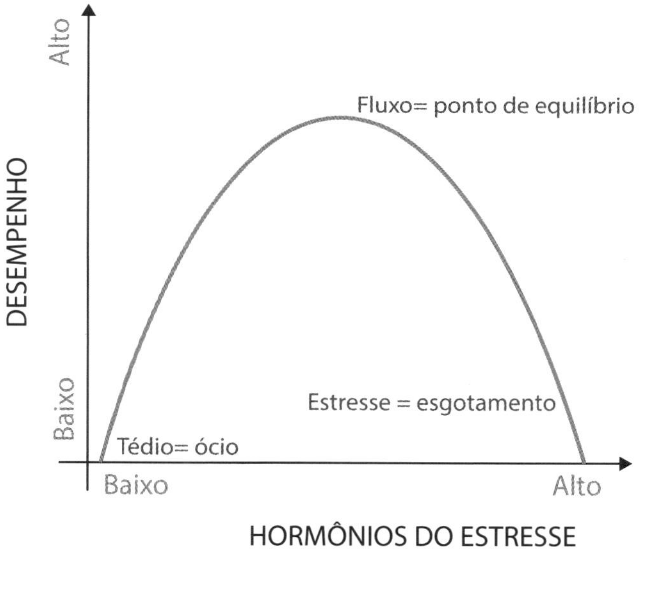

Fonte: O Cérebro e a Inteligência Emocional
pg 62 - Daniel Goleman, ph.D - editora Objetiva

Figura 9.1 — O impacto do estímulo do estresse sobre o desempenho

A relação entre estresse e desempenho, captada na lei de Yerkes--Dodson, mostra que o tédio e a ociosidade disparam muito pouco dos hormônios de estresse secretados pelo eixo HPA — e o desempenho fica para trás. Conforme ficamos mais motivados

> *e empenhados, o "bom estresse" leva-nos à zona ótima, na qual temos o melhor nível de desempenho. Se os desafios ficarem grandes demais e ficarmos esgotados, entraremos na zona de exaustão, onde os níveis de hormônios de estresse ficam altos demais e dificultam o desempenho.*
>
> ***Por Daniel Goleman — O Cérebro e a Inteligência Emocional***

As pessoas, quando se encontram no baixo nível de hormônios de estresse, adrenalina e cortisol, tendem a dar o mínimo de si porque estão sem motivação, ou seja, sem energia para a ação, comprometendo seu empenho para atingir resultados. Pessoas que não se realizam podem se tornar infelizes e com baixa resiliência pela forma passiva de conduzir sua própria vida.

As pessoas, quando se encontram no alto nível de hormônios do estresse, tendem a cair no esgotamento, interferindo na capacidade de retenção de novos conhecimentos, na geração de novas ideias, promovendo dificuldade na comunicação e, consequentemente, na gestão emocional.

O maior prejuízo é no sistema imunológico e nervoso, deixando a pessoa fragilizada e sujeita às doenças típicas do estresse, ou seja, sem resiliência para enfrentar os obstáculos da vida, com tranquilidade e sossego emocional.

As pessoas, quando se encontram no nível ótimo da curva do desempenho, tendem a dar o melhor de si, pois o cérebro aciona níveis de hormônios do "estresse bom".

Desafios, realização e satisfação no atingimento de metas e reconhecimento estimulam o estresse bom e as pessoas empenham-se mais, com melhores resultados.

A motivação mobiliza uma quantidade ideal de adrenalina e cortisol, acompanhada de dopamina, o hormônio do prazer e recompensa, e, juntos, protegem o organismo da pessoa. Essa proteção estimula os benefícios do circuito da recompensa no sistema nervoso, regado de emoções positivas. Sabemos que uma pessoa com um estado emocional positivo, através do circuito da recompensa, estimula seu pré-frontal e, assim, aciona também os pensamentos positivos, o que, sabemos, gera a vontade de continuar dando o melhor de si para enfrentar e administrar os desafios, com coragem e resiliência.

Assertividade x Resiliência

Como se manter no nível ideal da curva, quando a cobrança diária pressiona o ser humano como um compressor, muitas vezes, gigantesco e violento?

Usando a assertividade para se posicionar frente às situações de riscos, ou seja: ter firmeza e se comunicar com confiança, acreditar em suas ideias e opiniões, assumir responsabilidade por si mesmo, ter respeito por si e pelos outros.

Assertividade é a capacidade social de afirmação dos próprios direitos e expressão de pensamentos, sentimentos e crenças de maneira direta, clara, honesta e apropriada ao contexto, de modo a não violar o direito das outras pessoas.

O comportamento assertivo situa-se no ponto de equilíbrio da curva, assim como o tédio=ócio está para o comportamento passivo e o estresse=esgotamento está para o comportamento agressivo.

Figura 9.2 — Relação da curva de desempenho frente ao estresse com os comportamentos assertivo e defensivo

Quando você é assertivo, sua estrutura interna equilibra-se e seus circuitos cerebrais são positivos, pois há a secreção adequada de adrenalina e cortisol, que o leva à ação e mais, à satisfação e ao prazer de se sentir bem resolvido e seguro. É ativado o circuito da recompensa (dopamina), estimulando o pré-frontal e, consequentemente, o pensamento positivo.

FATORES DA RESILIÊNCIA

Segundo o especialista e pesquisador em resiliência, Dr. George Barbosa, diretor da Sobrare — Sociedade Brasileira de Resiliência, oito fatores devem ser cuidados para ajudar as pessoas a enfrentarem com equilíbrio as situações de riscos e, assim, permanecerem no ponto ideal da curva do desempenho.

São eles:

- Autocontrole
- Autoconfiança
- Sensibilidade de contexto
- Empatia
- Conquistar e manter pessoas
- Leitura corporal
- Otimismo realista
- Sentido de vida

Vejamos como a postura assertiva pode contribuir para fortalecer os oito fatores da resiliência.

Autocontrole

Uma pessoa assertiva tem autocontrole, pois se dá o direito de expressar suas emoções com naturalidade, não se permitindo acumular débitos emocionais e sobrecarregar sua mente com pensamentos e emoções negativas.

Autoconfiança

Uma pessoa assertiva acredita em si, faz escolhas conscientes avaliando os custos e benefícios de cada decisão, expressa-se com firmeza porque sabe o que quer e usa um direito primordial que é "ser ouvida e ser levada à sério.

Sensibilidade ao contexto

Uma pessoa assertiva tem sensibilidade ao contexto porque é estratégica, avaliando os impactos da sua postura no ambiente, baseia-se sempre em fatos e dados da realidade e usa uma linguagem pertinente ao contexto.

Empatia

A pessoa assertiva demonstra empatia quando a situação exige, ou seja, coloca-se no lugar do outro e promove a compreensão do outro. Tem um pensamento ganha-ganha, respeita os direitos do outro ao negociar interesses e costuma propor soluções que beneficiem os dois lados. Ao criar reciprocidade, seus relacionamentos são pautados pela confiança mútua.

Conquistar e manter pessoas

A pessoa assertiva acredita que, ao envolver as pessoas, elas se comprometem com o relacionamento estabelecido e se sentem incluídas. Além disso, a pessoa assertiva pede e oferece colaboração com naturalidade, o que contribui para fazer boas parcerias para se apoiarem nos momentos difíceis.

Leitura corporal

A pessoa assertiva possui um aguçado autoconhecimento, o suficiente para conhecer bem seus limites físicos e emocionais, sabendo a hora certa de parar. Assim, cuida bem do seu bem-estar, estando sempre atenta aos sinais corporais porque são as evidências do seu estado emocional.

Otimismo realista

A pessoa assertiva possui um pré-frontal bem ativado, estimulando-a usar uma linguagem positiva porque seus pensamentos são positivos e realistas.

Sentido de vida

A pessoa assertiva tem claro, para si, o seu propósito e, por ser focada em valores e princípios, sente que a vida faz sentido e vale a pena ser vivida.

A resiliência é marcada por maior ativação no lado esquerdo do córtex pré-frontal, em comparação com o lado direito, enquanto a ausência de resiliência vem da maior ativação pré-frontal direito.

Pode-se deduzir que a região pré-frontal esquerda envia sinais inibitórios para a amígdala, no sistema límbico, instruindo-a a ficar quieta.

Pesquisa conduzida pelo Dr. Richard Davidson, descobriu que a atividade no córtex pré-frontal esquerdo reduz o período de ativação da amígdala, permitindo que o cérebro se recupere mais rapidamente de uma experiência ruim. Pessoas resilientes possuem fortes conexões entre o córtex pré-frontal e a amígdala. Inibindo a amígdala, o córtex pré-frontal consegue acalmar os sinais associados às emoções negativas, permitindo que o cérebro planeje e atue de forma efetiva, sem ser distraído pelas emoções negativas.

REFLEXÕES

Faça as suas reflexões, através do seguinte exercício:

Reflita sobre o seu desempenho em geral, ou seja, como você tem enfrentado os desafios, os problemas e obstáculos que aparecem em seu cotidiano. Coloque um X na linha de cada fator.

Autocontrole

Ócio				Fluxo					Esgotamento
○ 1	○ 2	○ 3	○ 4	○ 5	○ 6	○ 7	○ 8	○ 9	○ 10
Passivo				Assertivo					Agressivo

Autoconfiança

Ócio				Fluxo					Esgotamento
○ 1	○ 2	○ 3	○ 4	○ 5	○ 6	○ 7	○ 8	○ 9	○ 10
Passivo				Assertivo					Agressivo

Sensibilidade de contexto

Ócio				Fluxo					Esgotamento
○ 1	○ 2	○ 3	○ 4	○ 5	○ 6	○ 7	○ 8	○ 9	○ 10
Passivo				Assertivo					Agressivo

Empatia

Ócio				Fluxo					Esgotamento
○ 1	○ 2	○ 3	○ 4	○ 5	○ 6	○ 7	○ 8	○ 9	○ 10
Passivo				Assertivo					Agressivo

Conquistar e manter pessoas

Ócio				Fluxo					Esgotamento
○ 1	○ 2	○ 3	○ 4	○ 5	○ 6	○ 7	○ 8	○ 9	○ 10
Passivo				Assertivo					Agressivo

Leitura corporal

Ócio				Fluxo					Esgotamento
○ 1	○ 2	○ 3	○ 4	○ 5	○ 6	○ 7	○ 8	○ 9	○ 10
Passivo				Assertivo					Agressivo

Otimismo realista

Ócio				Fluxo					Esgotamento
1	2	3	4	5	6	7	8	9	10
Passivo				Assertivo					Agressivo

Sentido de vida

Ócio				Fluxo					Esgotamento
1	2	3	4	5	6	7	8	9	10
Passivo				Assertivo					Agressivo

Quais áreas você precisa cuidar para equilibrar seu comportamento no enfrentamento do estresse? O que pretende fazer?

____

____

Em quais áreas você se sente fortalecido? Como usá-las a seu favor?

____

____

CONCLUSÃO

Quando refletimos, observamos a nós mesmos. Esta é a figura do observador de nós mesmos. Estar consciente da vida e ter essa capacidade de ser seu próprio observador, percebendo-se vivo, é mérito somente do ser humano. Através da reflexão, portanto, podemos encontrar dentro de nós a força que temos para enfrentar os desafios da vida e ser resiliente. Portanto, somos seres vivos que existimos por causa da linguagem, de modo que, se alguém alcançar um nível adequado de consciência, pode apresentar um comportamento resiliente frente a um mundo adverso ao que se deseja ter. Mais do que isso, pode promover transformações no seu meio, de forma positiva.

Capítulo 10

AUTOCOACHING: FAZENDO SEU PLANO DE AUTODESENVOLVIMENTO

JUNTANDO TUDO: PLANO DE AUTODESENVOLVIMENTO

Quando você planeja uma mudança de postura frente à vida:

1 - Você precisa ter uma visão de como você quer ser, porque "mudança sem visão vira confusão". É importante perguntar-se: "Aonde quero chegar, como quero ser, estar e sentir? Como quero pensar, sentir e me comportar? Que benefícios ganharei para ser o que quero ser? Que custos pagarei para chegar lá?"

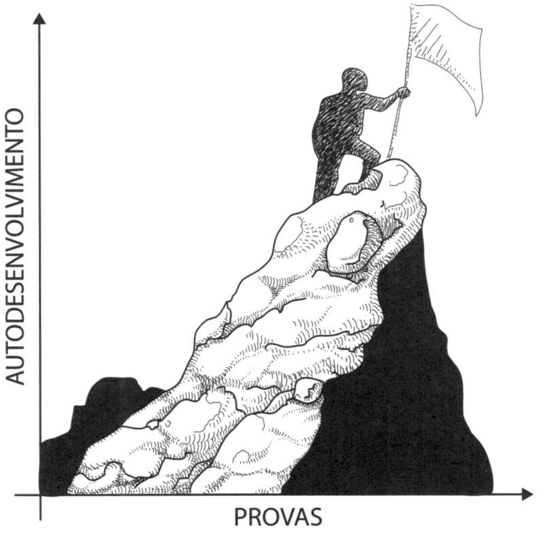

2 - Você precisa ter as habilidades necessárias para fazer essa mudança. Caso contrário, você se sentirá ansioso por não saber executar a mudança de comportamento. Este livro tem a proposta de dar a você conhecimento e técnicas para potencializá-lo na aquisição das habilidades necessárias.

3 - Você precisa, a cada conquista, se presentear para estimular sua coragem e determinação e não perder seu foco.

4 - Você precisa ter recursos para transformar sua visão em realidade, para não se frustrar e minar sua motivação.

5 - Você precisa parar e pensar em um plano de ação de mudança e não se deixar vencer pela indecisão. Como pode perceber, não adianta ter uma visão clara de onde quer chegar, ter habilidade e conhecimento de como chegar, ter os recursos necessários e coragem, se não tiver um plano de ação bem elaborado.

Mãos à massa e ligue os circuitos neurais do cérebro para pensar!

Seja seu próprio coach

Figura 10.1 — Autocoaching

1. COMO QUERO SER

Responda às perguntas a seguir:

Perguntas	Respostas
Qual é minha visão de futuro?	

Aonde quero chegar?	______ ______ ______
Como quero pensar, sentir e me comportar?	______ ______ ______
Quais benefícios ganharei para ser o que quero ser?	______ ______ ______
Que custos terei para chegar lá?	______ ______ ______

2. COMO ESTOU

Como você avalia sua maturidade emocional neste momento?

2.1. Analise os resultados dos exercícios de reflexão dos demais capítulos e anote aqui suas conclusões.

C1 ______

C2 ______

C3 ______

C4 ______

C5 ____________________

C6 ____________________

C7 ____________________

C8 ____________________

C9 ____________________

2.2. Dê uma olhada de perto em você, nas áreas que são mais afetadas pelas emoções e anote aqui suas conclusões.

SAÚDE FÍSICA — resistência imunológica, sono, pressão arterial, nível de glicose, batimento cardíaco etc.

____

____

____

____

____

____

SAÚDE SOCIAL — relacionamentos familiares e amigos em geral.

____

____

____

____

____

SAÚDE EMOCIONAL — qualidade das emoções.

SAÚDE PROFISSIONAL — satisfação no trabalho, administração de conflitos, solução de problema, atingimento de metas, qualidade no relacionamento humano e carreira.

Depois de montar seu banco de dados, responda às perguntas que seguem.

2.3. Quais são meus pontos fortes, que favorecem a expressão madura de minhas emoções? Quais são os pontos fracos, que me deixam vulnerável nas minhas relações pessoais e profissionais e podem provocar a desregulação emocional?

Pontos Fortes	Pontos Fracos
______	______
______	______
______	______
______	______
______	______
______	______

2.4. Quais são as oportunidades que se apresentam que contribuem para colocar em prática meu plano de melhoria? Quais são as ameaças que podem provocar a perda de meu controle emocional?

Oportunidades	Ameaças
______	______
______	______
______	______
______	______
______	______
______	______

3. O QUE FAZER

3.1. Áreas de melhoria

Analise com cuidado seus pontos fortes e fracos, oportunidades e ameaças, diante da visão de melhoria que você quer fazer para alcançar a maturidade emocional. Escreva a seguir as mudanças que você quer e precisa fazer para alcançar suas metas.

a - ______________________________

b - ______________________________

c - ______________________________

3.2. Ações em andamento

O que você fará para promover as mudanças necessárias?

a - ______________________________

b - ______________________________

c - ______________________________

4. RECURSOS NECESSÁRIOS

Com quais recursos você contará para colocar em prática seu plano de melhoria?

____

____

____

____

____

____

5. INDICADORES DE MELHORIA

Como você saberá se suas emoções estão bem administradas?

____

____

____

____

____

____

Terminamos aqui nossa caminhada. Daqui para frente, cabe a você tomar as rédeas de sua vida e fazer escolhas conscientes. Quero lhe dizer, caro leitor, para não ficar à espera que o mundo mude e se transforme naquilo que você deseja. Faça sua parte, cuidando de você e superando as expectativas. Com resultados fora de série, você fará a diferença!

Desejo-lhe todo sucesso pessoal e profissional com uma vida bem resolvida!

Se quiser dar seu depoimento ou comentar sobre o livro, entre em contato comigo: veramartins@assertiva.com.br

REFERÊNCIAS BIBLIOGRÁFICAS

André, C. *Psicologia do medo — como lidar com temores, fobias, angústias e pânicos*. Petrópolis: Vozes, 2007.

Bandura, A.; Gurgel, R. e Polydoro, S. *Teoria social cognitiva — conceitos básicos*. Porto Alegre: Artmed, 2008.

Beck, J. *Terapia cognitiva — teoria e prática*. Porto Alegre: Artmed, 1997.

Beck, A. e cols. *Terapia cognitiva da depressão*. Porto Alegre: Artmed, 1997.

Biblioteca Mente e Cérebro — *O desafio das emoções* — quinto volume, São Paulo, 2014.

Davidson, Richard J. e Begley, Sharon. *O estilo emocional do cérebro*. Rio de Janeiro: Sextante, 2013.

Ellis, A. e Lange, A. *Fique frio!* Rio de Janeiro: Best Seller, 1997.

Freeman, A. e Wolf, R. *As 10 bobagens mais comuns que as pessoas inteligentes cometem e técnicas eficazes para evitá-las*. Rio de Janeiro: Editora Guarda-Chuva, 2006.

Freitas-Magalhães, A. *A psicologia das emoções — o fascínio do rosto humano*. Porto: Edições Universidade Fernando Pessoa, 2007.

Frost, P. J. *Emoções tóxicas no trabalho*. São Paulo: Futura, 2003.

Goleman, D. *Como lidar com emoções destrutivas — para viver em paz com você e os outros: diálogo com a contribuição de Dalai Lama*. Rio de Janeiro: Campus/Elsevier, 2003.

Goleman, D. *O cérebro e a inteligência emocional*. Rio de Janeiro: Objetiva, 2012.

Guilhardi, H. *Terapia por contingências de reforçamento*. In Cristiano Nabuco de Abreu e Hélio José Guilhardi (orgs.). *Terapia comportamental e cognitivo-comportamental*. Rio de Janeiro: Editora Roca Ltda., 2004.

Harvard Business Review. "*Goleman e a inteligência social*". p. 32, set. 2008.

Harvard Business Review. "*O fim da economia racional*". p. 40–46, julho 2009.

Herculano-Houzel, Suzana. *Fique de bem com seu cérebro*. Rio de Janeiro: Sextante, 2007.

Hirigoyen, M. *Mal-estar no trabalho — redefinindo o assédio moral*. Rio de Janeiro: Bertrand Brasil, 2005.

Hulshoff, T. *"Louco de raiva". Mente & Cérebro*. São Paulo: Segmento-Duetto Editorial Ltda., p. 68–73, set. 2004.

Jacobson, E. *Relax. Como vencer as tensões*. São Paulo: Cultrix, 1976.

LeDoux, Joseph E. "*Segredos da mente — emoção, memória e o cérebro*". *Scientific American*. São Paulo: Segmento-Duetto Editorial Ltda., n. 23. p. 66–75.

Lowen, A. *O corpo em depressão*. São Paulo: Summus Editorial, 1983.

Mauss, Iris. *"A Tormenta da Ira". Mente & Cérebro*. São Paulo: Segmento-Duetto Editorial Ltda., p.48–55, março 2006.

Martins, V. *Seja assertivo!* Rio de Janeiro: Campus/Elsevier, 2004.

McMullin, R. E. *Manual de técnicas em terapia cognitiva*. Porto Alegre: Artmed, 2005.

Melo, P. de. *Tópicos em neurociência*. Curso de Medicina Comportamental. UNIFESP, fev. 2006.

Osho. *Liberdade — a coragem de ser você mesmo*. São Paulo: Cultrix, 2005.

Seligman, M. *Aprenda a ser otimista*. Rio de Janeiro: Nova Era, 1992.

Seligman, M. *Desamparo: sobre depressão, desenvolvimento e morte*. São Paulo: Hucitec-Edusp, 1977.

Seligman, M. E. P. *Felicidade autêntica: usando a nova psicologia positiva para a realização permanente*. Rio de Janeiro: Objetiva, 2004.

Senge, P.; Kleiner, A.; Ross, R.; Smith, B. e Roberts, C. *A quinta disciplina*. São Paulo: Qualitymark, 1995.

Schutz, Will — *Profunda Simplicidade — Uma Nova Consciência do Eu Interior.* (tradução de Maria Silvia Mourão Netto) — São Paulo: Ágora, 1989.

Stallard, P. *Bons pensamentos — bons sentimentos: utilizando a terapia cognitivo-comportamental com crianças e adolescentes.* Porto Alegre: Artmed, 2007.

Storch, Maja. *"A Construção da Felicidade", Mente & Cérebro,* São Paulo: Segmento-Duetto Editorial Ltda., p. 72–75, n. 194, março 2009.

Viscott, D. S. *Liberdade emocional: deixando o passado para viver o presente.* São Paulo: Summus Editorial, 1998.

Xavier, F. C. *Caminhos (ditado pelo espírito Emmanuel).* São Paulo: CEU, 1981.

ÍNDICE

A

B

C

D

E

F